Mirjam Beile

Glutenfreie Brote
aus dem Brotback-automaten

Mit süßen Broten und Kuchen

Ulmer

Glutenfrei backen - die Basics

Glutenfreie Brote

Glutenfreie Kuchen und Geschenkideen

Service

g	=	Gramm	
ml	=	Milliliter	
TL	=	Teelöffel	**Abkürzungen**
EL	=	Esslöffel	
Msp.	=	Messerspitze	
Pck.	=	Päckchen	

Frei von ... Gluten

Menschen, die an Zöliakie leiden, müssen sich glutenfrei ernähren, da sie das Klebereiweiß (= Gluten) in diversen Getreidesorten nicht vertragen. Für gesunde Menschen ist es nicht notwendig, sich glutenfrei zu ernähren. Es ist keinesfalls gesünder oder eine neue Diät. Glutenfreie Produkte sind im Vergleich zu herkömmlichen Lebensmitteln teurer und enthalten mehr Fett und Zucker und haben somit einen höheren Kaloriengehalt.

Gluten ist ein wesentlicher Bestandteil von einigen Getreidesorten, wie Weizen, Roggen oder Hafer. Getreide ist wiederum ein wesentlicher Bestandteil von Brot und Brot ist ein wesentlicher Bestandteil unserer Ernährung. Gerade deshalb ist es wichtig, dass wir wissen, welche Zutaten im Brot stecken. Und das ist nicht nur für Allergiker wichtig, sondern auch für diejenigen, die sich täglich gesundheitsbewusst ernähren wollen. Natürlich sollte hierbei der persönliche Geschmack auch eine große Rolle spielen, was beim selbstgebackenen Brot am besten gewährleistet ist.

Ich esse sehr gerne Weizen, Dinkel, Roggen und somit glutenhaltige Brote. Ich leide weder an Zöliakie, noch an einer Glutensensitivität und möchte auch keinem Foodtrend folgen. Für mich ist Essen ein Genuss, abwechslungsreich und ein Stück Lebensqualität.

Meine Leidenschaft gilt dem Brot backen im Brotbackautomaten. Und da ich über genügend Erfahrungen im Umgang mit dem Brotbackautomaten und Lebensmitteln verfüge, habe ich mich der Herausforderung, glutenfreies Brot zu backen, sehr gerne gestellt.

Jeder, der schon mal ein glutenfreies Brot gebacken hat, weiß, dass glutenhaltiges Mehl nicht einfach durch ein glutenfreies Mehl ersetzt werden kann. Das ergibt ein trockenes, schweres, sehr kompaktes Brot, das man zwar essen kann, aber nicht wirklich gut schmeckt. Und gerade das hat mein Interesse geweckt.

Ich wollte Neues kennenlernen, neue Zutaten, neue Geschmackserlebnisse und glutenfreie Brote backen, die eine gute Konsistenz haben, lecker schmecken und eine Alternative zu den glutenhaltigen Broten bieten.

Ich habe experimentiert, mich mit Kollegen und Betroffenen ausgetauscht, um in diesem Buch Informationen sowie eine Vielfalt an Rezepten zusammenzustellen. Ich habe sehr viel ausprobiert, manches Rezept auch wieder verworfen, weil das Resultat mich nicht überzeugt hat. Eines habe ich jedoch gelernt: Weizen, Roggen, Dinkel ... wie langweilig, da gibt es noch so viel mehr, auf das Sie sich und Ihr Gaumen freuen dürfen.

In diesem Sinne wünsche ich Ihnen viel Spaß beim Nachbacken und Genießen. Und sollte ein Brot mal nicht ganz so gut gelingen, nicht verzweifeln oder aufgeben, sondern einfach weiterbacken, mit der Zeit bekommt man auch für diese Teige ein Gefühl und wird mit einem großartigen Geschmackserlebnis belohnt.

Mirjam Beile

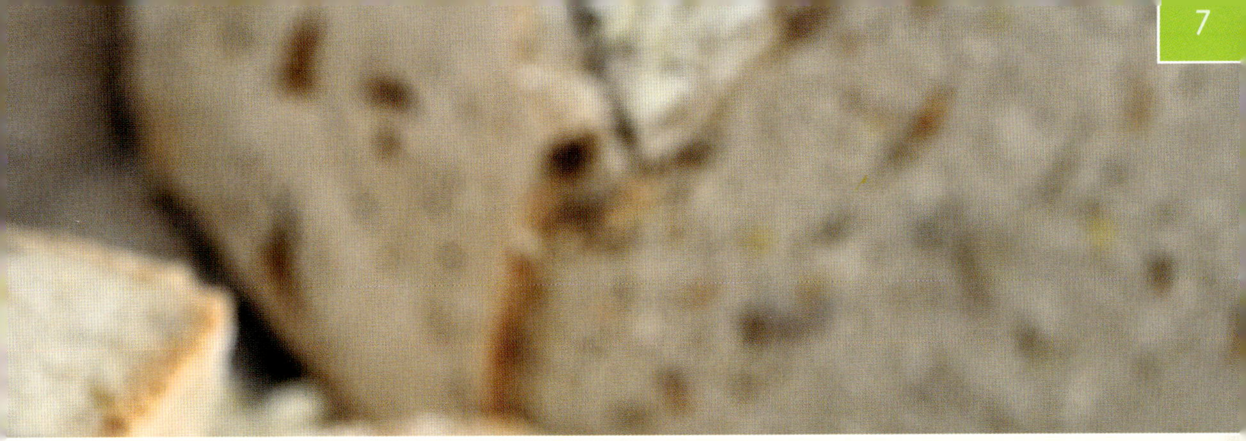

Glutenfrei backen

– die Basics

Die Unverträglichkeit des Glutens

Ob Gluten vertragen wird oder nicht, keiner muss auf den Duft und Genuss von frisch gebackenem Brot verzichten.

Was ist eigentlich Gluten?

Gluten ist ein natürliches Eiweiß (Protein), das in Getreidearten wie Weizen, Dinkel, Roggen, Gerste, Hafer, Grünkern, Kamut, Einkorn, Triticale, Urkorn und Emmer enthalten ist. Umgangssprachlich wird Gluten auch Klebereiweiß oder Weizenkleber genannt. Personen, die das Gluten nicht vertragen, leiden an Zöliakie bzw. Glutensensitivität. Streng genommen kommt das Gluten lediglich in Weizen vor. Doch oft besteht auch eine Unverträglichkeit gegenüber den ähnlichen Eiweißkörpern in Roggen, Gerste und Hafer sowie deren Abstammungen und Kreuzungen.

Glutenhaltige Getreidesorten:

> Weizen
> Dinkel
> Gerste
> Roggen
> Hafer
> Grünkern
> Verwandte Getreide- und Urkornarten wie: Kamut, Emmer, Einkorn, Triticale
> Sowie alle daraus hergestellten Lebensmittel wie Mehl, Grieß, Graupen, Stärke, Flocken, Couscous

Warum das Gluten beim Backen so wichtig ist

Gluten spielt beim Backen eine zentrale Rolle. In Verbindung mit Wasser bildet Gluten ein dichtes, elastisches Netz und macht somit das Getreide backfähig. Es entsteht ein dehnbares Gerüst, das Gärgas enthält und so den Teig aufgehen lässt. Während des Backvorgangs wird das Gerüst fest und das Gebäck erhält seine Form.

Zöliakie, Glutensensitivität und Weizenallergie

Alle drei Begriffe werden oft in einem Atemzug erwähnt, jedoch darf man sie keinesfalls verwechseln.

Zöliakie

Zöliakie, oder beim Erwachsenen auch Sprue genannt, ist keine klassische Nahrungsmittelallergie, sondern eine chronische Erkrankung des Dünndarms. Der Verzehr von Gluten führt zu einer Schädigung der Dünndarmschleimhaut, dabei wird die Struktur zerstört, sodass wichtige Nährstoffe nicht mehr vollkommen aufgenommen werden können. Folglich kann es zu einem Mangel an diversen Vitaminen und Mineralstoffen kommen, im schlimmsten Fall sogar zu einer Unterversorgung an Energie, Eiweiß und Fettsäuren.
Nur eine lebenslange, strenge glutenfreie Ernährung kann die Symptome mildern oder beseitigen.

Weizenallergie

Die Weizenallergie ist hingegen eine klassische Nahrungsmittelallergie, hat aber mit der Glutenunverträglichkeit nichts zu tun. Im Gegensatz zur Zöliakie und der Glutensensitivität sind Betroffene lediglich gegenüber dem Eiweiß im

Weizen allergisch. Andere Getreideprodukte werden mehr oder weniger gut vertragen. Aufgepasst, Dinkel und Kamut sind Urgetreide des Weizens – wobei Dinkel in vielen Fällen gut vertragen wird. So müssen alle Weizenprodukte wie z.B. Weizenstärke, modifizierte Stärke oder auch Seitan vermieden werden. Je nach Ausprägung und Schwere der Allergie können die Reaktionen auf Weizenprodukte unterschiedlich ausfallen. Nicht alle glutenfreien Produkte sind für Weizenallergiker geeignet. In manchen Produkten steckt glutenfreie Weizenstärke, die aber den Allergieauslöser im Weizen beinhaltet.

Glutensensitivität

Neben Zöliakie und Weizenallergie gibt es noch eine dritte Form: die Glutensensitivität. Diese gleicht auf den ersten Blick stark der Zöliakie, da die Beschwerden identisch sind, jedoch wird die Dünndarmstruktur nicht beschädigt. Glutensensitivität ist eine eigenständige Form der Glutenunverträglichkeit und wird über eine Ausschlussdiagnose festgestellt. Das heißt, wenn Zöliakie und Weizenallergie ausgeschlossen werden können, liegt eine Glutensensitivität vor. Auch hier sollte auf eine glutenfreie Diät umgestellt werden.
In allen drei Fällen ist es wichtig, dass Sie einen Facharzt konsultieren und keine Eigendiagnose stellen.

Kennzeichnung von Gluten

Schon seit 2005 müssen Zutaten, die Allergien/Unverträglichkeiten auslösen, gekennzeichnet werden. Es handelt sich hier um eine für alle EU-Mitgliedsstaaten gültige Rechtsvorschrift.
Viele glutenfreie Produkte werden freiwillig mit dem „Glutenfrei-Symbol" in Form einer durchgestrichenen Ähre gekennzeichnet. Dieses Zeichen ist von der DZG (Deutsche Zöliakie Gesellschaft e. V.) eingetragen und geschützt. Es darf nur mit Absprache und Überprüfung der DZG für die Auszeichnung glutenfreier Produkte verwendet werden.

Mit dem freiwilligen Warnhinweis: „kann Spuren von Gluten enthalten", sichern sich Firmen ab, da es bei der Herstellung in verschiedenen Prozessphasen zu einer Kontamination kommen kann. Das Produkt selber kann glutenfrei sein, jedoch durch Ernte, Transport, Verarbeitung oder Lagerung kontaminierte Spuren von Gluten enthalten.

Wie viele Menschen vertragen kein Gluten?

Ca. 1% der deutschen Bundesbürger müssen sich streng glutenfrei ernähren. Sie leiden an der Dünndarm-Erkrankung Zöliakie. Das Klebereiweiß schädigt die Darmschleimhaut. Die Folgen: Betroffene nehmen lebenswichtige Nährstoffe nicht mehr auf, bekommen chronischen Durchfall, fühlen sich schlapp. Nur ein Arzt kann durch Bluttests und Dünndarmbiopsie Zöliakie diagnostizieren. Geschätzt sind doppelt so viele Menschen glutensensibel. Da eine Glutensensitivität nicht im Blut nachweisbar ist, kennt man die genauen Zahlen der Betroffenen nicht.

Wie viel Gluten ist erlaubt?

Die Bezeichnung „glutenfrei" impliziert zunächst „kein Gluten", jedoch ist in der Praxis ein Glutengehalt von 0 ppm derzeit nicht realisierbar. Dies beruht zum einen auf einem Kontaminationsrisiko, sogar von Natur aus glutenfreie Getreide, wie z. B. Reis oder Mais können Kontaminationen mit glutenhaltigem Getreide (Fremdbesatz) enthalten. Zum anderen ist bisher keine analytische Methode bekannt, die 0 ppm Gluten in einem Lebensmittel tatsächlich nachweisen kann.
Geregelt wird die zulässige Menge durch den „Codex-Standard", das ist ein internationaler Standard, der als eine Art Richtlinie, Herstellern die akzeptablen Höchstmengen verschiedener Lebensmittel-Inhaltsstoffe vorgibt.

> 1. Lebensmittel mit weniger als 20 ppm (20 mg/kg) Gluten, nur diese dürfen als „glutenfrei" deklariert werden. Da ein Restglutengehalt von 20 ppm in einem glutenfreien Lebensmittel nachweislich für Zöliakiebetroffene untoxisch ist, können demnach diese Produkte bedenkenlos für eine glutenfreie Ernährung herangezogen werden.

> 2. Lebensmittel mit 21 bis 100 ppm Gluten, für diese wurde im englischsprachigen Raum „very low gluten" als Bezeichnung eingeführt, ein deutsches Äquivalent gibt es bisher nicht. Diese Kategorie ist insbesondere relevant für spezielle Ersatzprodukte (Brotmischungen, Getreidemischungen etc.), welche „Prima-Weizenstärke" enthalten.

Was ist Prima-Weizenstärke?

Prima-Weizenstärke ist eine hoch verarbeitete Weizenstärke, deren Glutengehalt innerhalb der vom Codex-Standard vorgegebenen Grenzen liegt. Diese wird von einigen Herstellern glutenfreier Lebensmittel verwendet, um deren Textur und Geschmack weitestgehend zu erhalten. Die Verwendung dieser Weizenstärke ist im Zutatenverzeichnis angegeben.

In welchen Lebensmitteln ist Gluten enthalten?

Eine aktuelle Liste finden Sie bei der Deutschen Zöliakie Gesellschaft e. V. (www.dzg-online.de)

Glutenfreie Lebensmittel:

In unverarbeitetem Zustand sind die folgenden Lebensmittel glutenfrei:
Obst und Gemüsesorten
Milch, Buttermilch
Naturjoghurt, Quark
Butter, Frischkäse natur, Naturkäse
Pflanzenöle
Fleisch, Fisch und Meeresfrüchte
Zucker, Honig, Marmelade, Ahornsirup
Nüsse
Hülsenfrüchte
Reine Gewürze und Kräuter
Eier

Auch die folgenden vorverarbeiteten Produkte sind in den meisten Fällen glutenfrei:
Tofu, Sojadrink
Mozzarella in Salzlake
Reine Fruchtsäfte, Wasser
Wein, Sekt

Augen auf beim Einkauf

Viele weiterverarbeitete Lebensmittel können Gluten enthalten. Lesen Sie sich die Zutatenliste gut durch, bevor das Produkt in Ihrem Einkaufswagen landet.

Der Brotbackautomat

Mit dem Brotbackautomaten wird glutenfreies Backen leicht gemacht. Kein Brot schmeckt so gut wie ein frisch und selbst gebackenes, besonders wenn man weiß, was drin steckt. Mit dem Brotbackautomaten ist das Backen kinderleicht und auch kein großer Arbeitsaufwand mehr: Glutenfreie Zutaten in die Backform geben und in 2–3 Stunden ein frisches Brot genießen. Sie werden sehen, bald möchten Sie Ihren Brotbackautomaten nicht mehr missen.
Brote selber von Hand zu backen kann recht mühsam sein, man braucht auch gewisse Vorkenntnisse über die Knetzeit, Teiggärung und Teigtemperatur. Einfacher und bequemer geht's im Brotbackautomaten, der übernimmt für Sie

all diese mühevollen und zeitraubenden Arbeiten. Rühren, Kneten, Aufgehen, Backen: Dies geschieht vollautomatisch. Er verbindet für Sie die Vorteile von frischem, selbstgebackenem Brot mit einem minimalen Arbeitsaufwand. Ein Küchenhelfer, der frisches Brot nach Ihren Wünschen „zaubert" und außerdem noch weitere Funktionen unterstützt: Je nach Modell dient er auch als Teigmaschine für Hefe- oder Pizzateig oder kann sogar noch Marmelade kochen. Im Vergleich zum Backofen verbrauchen Brotbackautomaten weniger Strom – etwa nur ein Viertel bis die Hälfte. Kurz gesagt, der Brotbackautomat ist ein unverzichtbares Küchengerät, das Ihnen mit Sicherheit viel Freude bereiten wird.

Fertig, das Brot kann herausgenommen werden.

Freude und Genuss

Mit dem Brotbackautomaten können Sie viele verschiedene Brotsorten backen: Der Vielfalt sind kaum Grenzen gesetzt. Sobald Sie die ersten Erfahrungen mit dem Brotbackautomaten gesammelt haben, können Sie Ihrer Fantasie freien Lauf lassen und Ihre eigenen glutenfreien Brotsorten kreieren. Brotbacken mit dem Brotbackautomaten ist etwas sehr Lebendiges: Die Herstellung von selbstgemachtem Brot bringt Freude und ist ein Erfolgserlebnis. Dazu macht es noch unabhängig, denn Sie werden nun stets frisches oder eingefrorenes, selbstgebackenes Brot auch an Feiertagen bzw. Wochenenden im Haus haben.

Welche Arten von Brotbackautomaten gibt es?

Die Idee des Brotbackautomaten stammt aus Japan. 1987 wurde das erste Gerät auf dem deutschen Markt angeboten. Zunächst gab es nur einige wenige Modelle zu erwerben, inzwischen ist das Angebot aber schon sehr groß. Die Preise für einen Brotbackautomaten liegen im Schnitt zwischen 30 und 200 Euro. Alle Automaten, ob billig oder teuer, haben eines gemeinsam: Sie können alle sowohl „herkömmliches" als auch glutenfreies Brot backen. Die Unterschiede liegen in der Kapazität, der minimalen bzw. maximalen Mehlmenge, im Zubehör, Gewicht des Gerätes, in der Leistung, Umwelteigenschaften (wie Stromverbrauch), Design, Benennung der Funktionen sowie der Programme und natürlich in der Technik. Die etwas teureren Geräte haben eine bessere Wärmeisolierung, werden also von außen nicht zu heiß und sie arbeiten meist leiser. Sie können nun zwischen divesen Anbietern oder verschiedenen Gerätevarianten wählen. Doch egal für welches Gerät Sie sich entscheiden, achten Sie darauf, es sollte stets das GS-Zeichen für geprüfte Sicherheit sowie das CE-Zeichen tragen.

Welches Gerät ist das Richtige für mich?

Obwohl manche Automaten mehr und andere weniger geeignet sind, können in allen Automaten glutenfreie Rezepte zubereitet und gebacken werden. Und gerade beim glutenfreien Backen ist es sicherlich eine gute Entscheidung, auf den Brotbackautomaten zurückzugreifen. Überlegen Sie vor dem Kauf, wie häufig Sie Ihren Brotbackautomaten nutzen wollen und wie viel Platz Sie in Ihrer Küche haben, denn die Geräte sind zum Teil so groß wie Mikrowellen. Werden Sie täglich Brot backen? Oder nur ab und zu? Sind Sie single oder backen Sie für die ganze Familie? Diese Fragen können Ihnen bei der Auswahl bereits sehr behilflich sein.

Eine Frage der Größe ...

Das erste Entscheidungskriterium ist die Größe bzw. Kapazität des Automaten: Manche Geräte können lediglich 500-Gramm-Brote backen, andere wiederum sogar die doppelte oder dreifache Menge. Am flexibelsten sind Sie jedoch mit jenen Automaten, bei denen Sie die Brotgröße frei wählen können, vom 750-Gramm-Brot für Pärchen bis hin zum 1200-Gramm-Familienbrot. Vollkornmehle, Kerne, Nüsse oder Samen sind schwer und so haben Sie bei Vollkornbroten schnell das Grenzgewicht erreicht. Daher sind Automaten, die mindestens 1000-Gramm-Brote verarbeiten können von Vorteil, auch wenn Sie dann nur 750-Gramm-Brote backen. Die maximale Brotgröße ist bei den gängigen Automaten jedoch mit etwa 1800 Gramm erreicht.

Auch die Form spielt eine Rolle ...

Ein Sichtfenster im Deckel ist hilfreich, um den Gär- bzw. Backprozess zu beobachten. Manche Automaten haben sogar eine zuschaltbare Innenraumbeleuchtung, damit man es noch besser sehen kann. Bei Geräten ohne Sichtfenster ist die einzige Möglichkeit den Backvorgang zu kontrollieren via Display. Alle Brotbackautomaten sind mit einer teflonbeschichteten Backform ausgestattet, damit sich das Brot nach dem

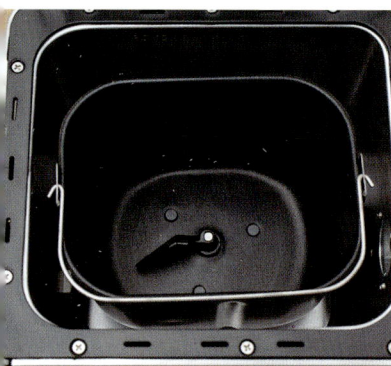

Brotbackform mit einem Knethaken.

Brotbackform mit zwei Knethaken.

glutenfreien Teigen immer etwas mit einem Teigschaber nachhelfen muss, damit keine Mehlreste am Rand verbleiben und es gut vermischt wird.
Wenn Sie sowohl glutenhaltiges als auch glutenfreies Brot backen wollen, dann kaufen Sie am besten zwei Brotbackformen und Knethaken. Denn auch nach sorgfältigem Säubern der Form können noch Spuren von glutenhaltigem Getreide vorhanden sein.
Einige Brotbackrezepte erfordern in verschiedenen Stadien des Backvorgangs die Zugabe von Zutaten wie Nüsse, Rosinen etc., daher haben einige Automaten einen automatischen Zutatenspender: Die Zutaten werden zum passenden Zeitpunkt automatisch dazugegeben. Backautomaten ohne Zutatenspender erinnern Sie mittels Piepton daran, die Zutaten von Hand in die Backform zu geben.

Backen gut aus der Form lösen lässt. Je nach Gerät ist diese Form rechteckig (typische Kastenbrotform) oder quadratisch, was aber nur ästhetisch von Bedeutung ist und auf die Qualität des Brotes keinen Einfluss hat.
Ein weiterer Unterschied ist die Anzahl der Knethaken. Bei Brotbackautomaten mit einem Knethaken haben Sie lediglich ein anstatt zwei Löcher im Brotboden. Wobei jene mit zwei Haken auch einen großen Vorteil haben: Je größer das Brot ist und je mehr Getreidemehl benutzt wird, umso schwerer ist es den Teig sorgfältig zu kneten – das geht mit doppelter Kraft natürlich einfacher. Zudem ist bei diesen Geräten die Brotbackform immer rechteckig, was den Broten die typische Kastenform verleiht. Meine Erfahrung ist, dass der Brotbackautomat mit „nur" einem Knethaken für 500- bis 1200-Gramm-Brote vollkommen ausreicht, zumal man bei den

Alles verständlich?

Bevor Sie sich für ein Gerät entscheiden, werfen Sie auch einen Blick in die Gebrauchsanleitung des gewünschten Automaten: Ist sie leicht zu verstehen und benutzerfreundlich? So einfach sich Brotbackgeräte bedienen lassen, so kompliziert sind häufig ihre Gebrauchsanweisungen. Manche sind schwer nachzuvollziehen und verwirren eher. Gerade wer noch nie mit solchen Geräten gearbeitet hat, braucht eine einleuchtende, klare Anleitung in einfachen Worten, die Ihnen nicht nur alle Funktionen und Bedienschritte erklärt, sondern auch mögliche Fehlerquellen nennt. Hilfreich ist eine vorhandene Checkliste für Notfälle und Angaben zum Kundendienst bzw. Reparaturservice, das erspart Ihnen bei einem Defekt viel Zeit.

Was man noch beachten sollte

> Die Handhabung des Automaten sollte einfach und übersichtlich sein, die Bedienteile (Folientastatur) sollten klar gekennzeichnet, übersichtlich und handlich sein. Die Programmauswahl erfolgt entweder über Sensortasten oder einfache Drucktasten.

> Alle Backautomaten sind mit vorprogrammierten Backprogrammen ausgestattet, meist sind es 6–15 verschiedene: Von Toast-, Normal- und Vollkornbrot bis hin zu schnell und glutenfrei – die Backprogramme decken in aller Regel die meisten Backwünsche ab. Findet man jedoch unter den vorhandenen Programmen nicht das für sich geeignete, so bieten einige Geräte ein „Eigenprogramm", mit dem man sämtliche Phasen des Backvorgangs nach eigenen Wünschen programmieren kann.

> Im Handel sind auch Brotbackautomaten erhältlich, die ein spezielles Programm für glutenfreies Brot besitzen. Dieses Programm ist meiner Meinung nach nicht zwingend erforderlich, wenn ein „Eigenprogramm" oder ein „schnelles Programm" und ein „normales 3-Stunden-Programm" vorhanden ist. So können alle Brotbackautomaten glutenfrei backen. Oft sind diese glutenfreien Programme auch nur auf eine Hersteller-Fertigmehlmischung abgestimmt, sodass beim selber backen mit eigenen Rezepten die anderen Programme passender sind.

> Die meisten Geräte haben einen Stromausfallspeicher: Nach einem Stromausfall von maximal 10–30 Minuten arbeitet der Automat an der Stelle des Programms weiter, an der er unterbrochen wurde.

TIPP beim Kauf

Stellen Sie beim Kauf eines Brotbackautomaten Ihre persönlichen Bedürfnisse in den Vordergrund. Im Handel sind auch jene erhältlich, die ein spezielles Programm für glutenfreies Brot besitzen. Es können aber in allen Brotbackautomaten glutenfreie Rezepte zubereitet und gebacken werden. Vergleichen Sie auch die Angebote in Elektrogeschäften und Discountmärkten, denn größere Preisunterschiede gibt es häufig.
Egal, für welches Modell Sie sich entscheiden werden, es wird das Richtige für Sie sein.

> Mithilfe der Zeitschaltuhr (Timer) können Sie vorprogrammieren, wann Ihr Brot fertig sein soll. Es ist eine verlockende Angelegenheit: Spät abends kommen alle Zutaten hinein, dann wird vorprogrammiert, der Rest geht von allein und morgens können Sie bereits zum Frühstück Ihr selbstgebackenes Brot genießen. Lassen Sie jedoch den Brotbackautomaten trotz Zeitschaltuhr nicht unbeaufsichtigt: Im Falle eines Gerätebrands kann es Ärger mit der Hausratversicherung geben.

Wenn Sie nach Ihren Kriterien ein Gerät aussuchen und dem Automaten einen festen Platz in Ihrer Küche anbieten, werden Sie viel Spaß und Freude am Backen haben. Jedoch eines bleibt gewiss: Ein nützlicher und perfekter Brotbackautomat ist nicht nur Sache des Herstellers, sondern auch des Benutzers.

Wie funktioniert ein Brotbackautomat?

Brotbackautomaten faszinieren durch ihre einfache Handhabung: Da sie alle nach dem gleichen Prinzip arbeiten, ist der Programmablauf bei allen Geräten sehr ähnlich. Im Inneren des Gehäuses sitzt die beschichtete Backform mit Knethaken. Um die Backform einzusetzen, halten Sie diese mit beiden Händen und setzen Sie sie in die Mitte des Sockels im Backraum. Drücken Sie die Form vorsichtig nach unten, bis sie einrastet. Bei einigen Modellen wird die Form bis zum Anschlag im Uhrzeigersinn gedreht. Setzen Sie nun den oder die Knethaken auf die Antriebswelle, die die Knethaken während des Gerätebetriebs bewegt. Vergewissern Sie sich anschließend, dass die Haken richtig fest sitzen.

Einfüllen der Zutaten

Alle Zutaten werden in vorgegebener Reihenfolge in die Backform gefüllt: Normalerweise werden zuerst die flüssigen wie Wasser und Milch und anschließend die trockenen Lebensmittel wie Mehl und Zucker eingefüllt (bei einigen Geräten ist es umgekehrt, werfen Sie einen Blick in Ihre Gebrauchsanweisung). Einige Modelle haben ein extra Hefe- oder Zutatenverteilerfach, das sich zum richtigen Zeitpunkt öffnet, um die jeweilige Zutat zum Teig hinzuzugeben. Alle Zutaten, die Sie in den Brotback- automaten geben, sollten bei Programm- start zumindest Zimmertemperatur haben. Schließen Sie zuletzt den Deckel des Gerätes.

Die Flüssigkeit wird in die Backform geschüttet.

Programmablauf

Über die Tastatur wählen Sie nun das gewünschte Programm, beispielsweise für normales oder weißes, für schnelles oder glutenfreies Brot. Jeder Hersteller benutzt unterschiedliche Bezeichnungen für die Backprogramme, die sich aber häufig sehr ähneln. Mögliche Back- programme sind z. B.: Normal, Toast- brot, Französisch, Weißbrot, Schnell, Kuchen, Vollkorn.
Die einzelnen Programme geben vor, wie lange der Teig ruhen, kneten, auf- gehen und backen soll. So beginnt z. B. das Programm „Schnell" mit einer Knet- phase von 15 Minuten, dann ruht der Teig 40 Minuten und zuletzt wird er 60 Minuten gebacken – macht eine Ge- samtzeit von 1 Stunden und 55 Minuten. Zum Vergleich ist der Zeitablauf beim Backprogramm „Vollkornbrot" folgen- der: 15 Minuten kneten, 15 Minuten ruhen, 15 Minuten kneten, 90 Minuten

aufgehen und 60 Minuten backen – macht eine Gesamtzeit von 3 Stunden und 15 Minuten. Wobei sich die genauen Zeitintervalle von Modell zu Modell unterscheiden können.

Glutenfreies Brot braucht keine lange Knetzeit, da die Zutaten nur kurz vermischt werden. Die Ruhezeit ist abhängig vom Backtriebmittel (ob Hefe oder Backpulver) und die Backzeit variiert nach dem Brotgewicht und liegt zwischen 50–70 Minuten. Mit dem „Eigenprogramm" können Sie selbst programmieren, wie lange der Teig kneten, ruhen und backen soll. Sehen Sie sich in der Beschreibung die Programme und ihren zeitlichen Ablauf an und wählen Sie dann das passende Programm für Ihr Brot aus. Die Gesamtzeit der Brotherstellung erscheint automatisch bei Auswahl des Backprogrammes im Display und läuft während des Knet-, Ruhe- und Backvorganges rückwärts.

Zudem gibt es häufig neben den Backprogrammen noch die Funktion „Teig". Sie ermöglicht es, den Teig nur zu kneten und aufgehen zu lassen, sodass Sie beispielsweise die Pizza am Abend oder die Brötchen zum Sonntagsfrühstück oder Ihr Brot (damit es nicht immer rechteckig ist sondern auch mal rund) im Ofen fertig backen können.

Mit der Bräunungstaste können Sie die gewünschte Krustenbräune wählen: ob hell, mittel oder dunkel.

Nach dem Programmstart übernimmt der Brotbackautomat automatisch alles weitere.

Informationen über den Zeitablauf und die Bedeutung Ihrer Backprogramme finden Sie in Ihrer Bedienungsanleitung.

Das Backen

Die nötige Hitze zum Backen liefert ein Ringheizkörper, der sich meist im unteren Viertel des Backraums befindet. Das ist auch der Grund, warum den Broten aus dem Brotbackautomaten die typische intensive Bräunung an der Oberseite fehlt. So ist auch die Kruste an den Seiten wesentlich stärker ausgebildet als oben, da die Geräte nur von unten beheizt werden und sich die Hitze nur über die Backform auf den Teig überträgt. Da fehlt schlicht die Strahlungswärme der Ober- und Unterhitze aus dem Ofen. Jedoch ist der Bräunungsgrad auch vom Rezept abhängig: Ein Brot mit Reismehl bleibt blasser als eines mit Buchweizenmehl. Sollte nach Beendigung des Backprogramms das Brot noch zu hell sein, können Sie, wenn es Ihr Modell unterstützt, mit dem Programm „Backen" nachbacken, bis es die perfekte Bräunung erreicht hat.

Arbeitsschritte im Überblick:

> Backform einsetzen
> Knethaken einsetzen
> Zutaten in vorgegebener Reihenfolge einfüllen
> Deckel schließen
> Gerät einschalten
> Programmablauf auswählen, beispielsweise „Glutenfrei"
> Bräunungsgrad wählen
> Start-Taste drücken
> Automat mischt, knetet, ruht, backt den Teig vollautomatisch
> Ende des Programmablaufes, Brot herausnehmen, auskühlen lassen und genießen

Fertig!

Wenn das Brot fertig ist, ertönt mehrmals ein Piepton, um anzuzeigen dass das Brot entnommen werden kann. Gleichzeitig beginnt bei einigen Modellen eine Warmhaltezeit von bis zu 60 Minuten. So wird vermieden, dass sich Kondenswasser in der Backform bildet und das Brot knatschig wird. Drücken Sie die Stopp-Taste und schalten Sie das Gerät aus.
Nehmen Sie nun die Backform (Vorsicht, heiß!) mithilfe von Topflappen heraus und stürzen Sie sie kopfüber auf ein Kuchengitter, damit das Brot auch von unten abkühlen kann. Sollte es sich nicht gleich aus der Backform lösen, drehen Sie ein paarmal an der Antriebswelle, bis das Brot herausfällt. Wenn der Knethaken im Brot stecken bleibt, probieren Sie diesen rauszulösen, was nicht immer ganz einfach ist, besonders wenn er festgebacken ist. Das passiert bei schweren Vollkornbrotteigen eher als bei hellen Weißbrotteigen. Hilfreich ist auch ein Knethakenentferner, der bei einigen Herstellern gleich mitgeliefert

Der Knethaken wird entfernt.

wird. Unter „Tipps und Tricks" (S. 51) finden Sie noch weitere Lösungsvorschläge. Auch wenn die Verlockung groß ist, direkt in das Brot zu beißen: Lassen Sie das Brot zuerst abkühlen, denn warm lässt es sich nicht so gut anschneiden.

Zuletzt die Reinigung

Bevor Sie mit der Reinigung starten, ziehen Sie den Netzstecker und lassen Sie den Brotbackautomaten auskühlen. Säubern Sie den Brotbackautomaten plus Zubehör ausschließlich mit der Hand. Die Backform dürfen Sie nicht in die Spülmaschine stellen, da sonst die Antihaftbeschichtung beschädigt werden kann und sich das Brot nicht mehr leicht lösen lässt. Reinigen Sie die Backform ausschließlich mit klarem Wasser und Spülmittel, achten Sie darauf, dass deren Außenseite nicht ins Wasser taucht. Falls dies doch passiert, trocknen Sie die Backform sorgfältig ab, damit die Antriebswelle nicht rostig werden kann.
Füllen Sie am besten die Backform (inklusive Knethaken) mit warmem Spülwasser und lassen Sie alles 5–10 Minuten einweichen. Anschließend können Sie die Backform ganz leicht auswischen und auch der Knethaken lässt sich so leicht lösen. Scheuermittel oder Metallbürsten können die Antihaftbeschichtung ebenfalls zerstören. Reinigen Sie den Knethaken mit Spülmittel und warmem Wasser. Ein Tipp von mir: Für die Säuberung der unzugänglichen Stellen haben sich Wattestäbchen sehr gut bewährt und um die Mehlreste aus dem inneren Gehäuse zu entfernen, verwenden Sie am besten einen Staubsauger. Den Brotbackautomaten können Sie von außen und innen mit einem weichen, feuchten Spültuch abwischen.

Beste Zutaten für schmackhafte glutenfreie Brote

Gut duftendes, saftiges und köstliches glutenfreies Brot zu backen ist eine kleine Herausforderung ... aber auf jeden Fall machbar.

Der Geschmack von glutenfreien Broten ist anders als von herkömmlichen Broten, was aber auf keinen Fall ein Nachteil ist. Die Backeigenschaften von glutenfreiem Mehl und Stärke sind allerdings nicht mit herkömmlichem Mehl vergleichbar. Sie erzielen jedoch ein gutes Backergebnis durch Mischung verschiedener Zutaten. Mit den Zutaten aus unten stehender Tabelle, wird Ihre glutenfreie Backware fast wie das ursprüngliche Gebäck.

Wie setzt sich ein glutenfreies Brot zusammen?

Mit gewissen Zutaten, Tricks und Hintergrundinformationen klappt es sehr gut, glutenfreie Brote im Brotbackautomaten herzustellen.
Als Faustregel für ein Brotrezept gilt:

Ein einfaches glutenfreies Brot benötigt:
ca. 60 % glutenfreies Mehl (optimal zwei oder mehrere verschiedene Mehlsorten gemischt)
ca. 40 % glutenfreie Stärke (z. B. Maisstärke)
+ Backtriebmittel (z. B. Hefe, Backferment, Backpulver, Sauerteig)
+ Bindemittel (z. B. Xanthan, Guarkernmehl, Johannisbrotkernmehl, Pfeilwurzelstärke)
+ 1 Flüssigkeit

Die Mischung der Mehle und des Mahlgrades entscheiden über Quellvermögen und somit auch Teigstruktur. Daher ist es wichtig, bei der Teigherstellung, den Teig immer zu beobachten, um eventuell Flüssigkeiten zu ergänzen oder zu reduzieren. Halten Sie sich sowohl bei der Teigführung als auch bei Programmauswahl, Knetzeit,

Backtechnologische Eigenschaften	wird erzielt durch folgende glutenfreie Zutat
Wasserbindung im Teig	Verdickungsmittel, Bindemittel wie Xanthan, Guarkernmehl, Johannisbrotkernmehl, Pfeilwurzelstärke, Leinsamen, Quellstück, Brühstück, Kochstück
Gerüstbildung der Krume	Milcheiweiße oder hoher Ei-Anteil, Quark, Joghurt
Teigelastizität	Stärke, Milch- oder Sojaeiweiß, Flohsamenschalen
Krustenbildung und Bräunung	Zuckerzusatz, Bestreichen der Teigoberfläche mit fetthaltigen Zutaten wie Öl, Butter, Margarine, Eigelb
Frischhaltung der fertigen Backwaren	Zugabe von Ballaststoffträgern wie Flohsamenschalen, Apfelfasern und getrocknetem, fein geriebenem Restbrot

Ruhe/Quellzeit und Backzeit in Erinnerung, dass sich glutenfreie anders als herkömmliche Mehle verhalten.
Machen Sie sich mit den glutenfreien Getreidemehlen und Eigenschaften vertraut und probieren Sie verschiedene Rezepte aus. Sie werden nach und nach noch weitere leckere glutenfreie Lebensmittel kennenlernen, mit denen man prima sein Brot aufwerten kann. So machen beispielsweise geriebene Zucchini, Karotten oder Kartoffeln das Brot saftiger und verlängern somit auch die Haltbarkeit. Durch gemahlene Flohsamenschalen, Chia- oder Leinsamen erhalten Sie ebenso eine saftigere Struktur, da diese die Flüssigkeit im Teig gut binden. Gewürze verhelfen Ihnen zu einer persönlichen Note im Brot. Rösten Sie Mehl, Nüsse oder Samen in einer Pfanne oder auf einem Backblech im Ofen zuvor etwas an, das verleiht Ihrem Brot ein intensiveres Aroma.
Lassen Sie sich einfach auf das spannende Projekt „glutenfreies Brot" ein und Sie werden mit Sicherheit nach Ihrem Geschmack das beste Brot im Brotbackautomaten zaubern.

Mahlen und Schroten zu Hause

Fertig gekauftes Mehl hat einen langen Weg hinter sich und steht schon seit einiger Zeit in den Regalen, so nehmen Geschmack und Aroma leider etwas ab. Sie können sich Ihr gewünschtes Mehl (aus Getreide, Nüssen, Saaten, Hülsenfrüchten) auch zu Hause mahlen, dies bringt viele Vorteile mit sich: Zum einen ist es kostengünstiger (die Investition einer Mühle lohnt sich bei häufigem Backen) und zum anderen – und das ist das entscheidende Argument – ist die Frische unbeschreiblich. Wenn Sie schon einmal für Ihren Kaffee die Kaffeeboh-

nen frisch gemahlen haben oder mit frischen anstatt getrockneten Kräutern gekocht haben, wissen Sie, was ich meine und welche Auswirkungen es auf den Geschmack hat. So geht nichts über selbstgemahlenes Mehl.

Welche Mühle ist die meine?

Im Handel gibt es unzählige Getreidemühlen mit unterschiedlichen Vor- und Nachteilen. Die Auswahl ist groß und oft unübersichtlich. Informieren Sie sich vor dem Kauf und lassen Sie sich beraten, sodass Sie für Ihre Bedürfnisse das richtige Modell erwerben. Die Unterschiede sind im Wesentlichen der Preis, ob per Hand oder elektrisch gemahlen werden soll, die Art des Mahlwerks (Keramik oder Stahl), Motorleistung, Mahlgeschwindigkeit, Lautstärke sowie Funktionsbreite.
Überlegen Sie vor dem Kauf, was sie überwiegend mahlen möchten: Wollen Sie auch Ölsaaten vermahlen? Oder eventuell sogar Flocken selber herstellen? So sind beispielsweise Mais oder Reis ein sehr hartes Getreide und die Mühle braucht dafür viel Watt.
Wichtig: Versichern Sie sich beim Kauf, dass die Mühle nur glutenfrei eingemahlen wurde.
Falls Sie bereits eine Küchenmaschine, eventuell sogar mit Mahlaufsatz zu Hause haben, können Sie natürlich auch diese alternativ verwenden. Je nach Sorte (Körner, Hülsenfrüchte, Samen oder Nüsse) lassen sich diese auch im Mixer, der Kaffee- oder Gewürzmühle, auf einer Reibe oder im Mörser zerkleinern.

Die Vielfalt an glutenfreien Mehlen genießen

Die meisten verstehen unter dem Begriff „Mehl" meist nur das Produkt aus gemahlenen Weizen-, Dinkel-, Roggen- oder Gerstenkörnern.
Wie langweilig eigentlich, denn Mehl ist soviel mehr und bringt dadurch jede Menge Abwechslung auf den Tisch.

Folgende glutenfreie Mehle können Sie in Ihrem Brotbackautomaten verwenden:

PSEUDOGETREIDEMEHLE
Unter Pseudogetreide versteht man Körnerfrüchte, deren Verwendung ähnlich wie Getreide ist, aber botanisch gesehen nicht zur Familie der Süßgräser (= echtes Getreide) gehören. Die Fruchtsamen lassen sich zu Mehl vermahlen. Pseudogetreide wie beispielsweise Buchweizen, Quinoa oder Amaranth sind von Natur aus glutenfrei und daher ein idealer Getreideersatz.

HÜLSENFRUCHTMEHLE
Zur Hülsenfrucht zählen Erbsen, Bohnen, Soja oder Linsen. Die Fruchtsamen reifen meist in mehrsamigen Hülsen (Legumen) heran. Es existieren unzählige Sorten an Hülsenfrüchten, die in allen Variationen frisch, getrocknet, geröstet oder als Mehl im Handel bezogen werden können. Neben der weltbekannten Hülsenfrucht, der Sojabohne, gehört auch die Erdnuss als tropische Hülsenfrucht zu den Leguminosen.

ÖLSAATENMEHLE
Zu den Ölsaaten zählen Pflanzensaaten wie Leinsamen, Sesam oder Sonnenblumenkerne. Ölsaaten sind sehr fett- und nährstoffreich und werden daher oft zur Ölgewinnung verarbeitet. Die entölten Rückstände bei der Ölgewinnung können zu Mehl verarbeitet werden. Mit einer Getreidemühle lassen sich Ölsaaten nicht mahlen, sie sind zu ölig. Falls Sie Ölsaaten zu Hause selber mahlen möchten, hat sich je nach Saat eine Ölsaatenmühle, Kaffeemühle, Gewürzmühle, Pfeffermühle, Mixer oder Mörser bewährt.

NUSSMEHLE
Nüsse und Kerne (Hartschalenobst) sind Samen der entsprechenden Pflanzengattung. Der Nährstoff- und Fettgehalt variiert von Sorte zu Sorte.
Fein gemahlen eignen sie sich prima als Teigzutat und werten damit jedes Brot auf.
Gängige Nussmehle sind beispielsweise Mandel- oder Kastanienmehl.
Hinweis: Nüsse und Kerne sind stark allergen und selbst kleine Mengen reichen aus, starke allergische Reaktionen auszulösen. Verarbeitung und Zubereitungsverfahren haben dabei keinen Einfluss auf die Allergene.

GLUTENFREIE STÄRKEMEHLE
Als Stärkemehl werden die aus Pflanzen gewonnenen Stärken zusammengefasst, wie beispielsweise Kartoffelmehl/Kartoffelstärke, Maisstärke, Reisstärke, Pfeilwurzelmehl, Tapiokamehl/Tapiokastärke und Prima-Weizenstärke.

Begriffserklärung von Mehl und Feinheitsgraden:

Mehl: fein gemahlene Körner
Dunst: zwischen Grieß und Mehl
Grieß: ist gröber als Dunst und Mehl
Schrot: am gröbsten zermahlen
Kleie: Rückstände aus Schalen
Graupen: geschälte und polierte Körner
Keime: Keimling des Korns
Grütze: enthülste Körner gehackt
Flocken: gewalzte Körner

Von A wie Amaranth bis T wie Traubenkern

Bis vor einigen Jahren kannte man diese Mehle nur in Naturkostläden und Reformhäusern, heute sind sie schon sehr häufig in Supermärkten vertreten.
Alle diese Mehle haben ihren spezifischen Charakter und ihre eigenen Vorteile: Probieren Sie Neues aus und lassen Sie sich von der Geschmacksvielfalt überraschen.

Amaranthmehl

Die Samen der Pflanze gelten als „Wunderkorn" der Inkas und ähneln der Hirse. Sie enthalten reichlich Stärke und der Eiweißgehalt ist mit 16 g je 100 g sehr hoch. Durch ihren fein nussigen, angenehmen Geschmack sind Amaranthbrote ein außergewöhnlicher Genuss.
Es ist ein sehr hartes Getreide, daher brauchen Sie eine Getreidemühle, die für Mais und Ölsamen geeignet ist. Das Mehl sollte frisch verarbeitet werden, da die ungesättigten Fettsäuren rasch ranzig werden.
Sie können aber auch Amaranthkörner gekocht zum Brotteig geben. Dazu spülen Sie die Körner unter fließend heißem Wasser in einem Sieb gut ab und kochen diese mit der zweifachen Menge an Wasser in einem Topf kurz auf. Bei kleiner Hitze ca. 20–25 Minuten leicht köcheln lassen. Abgekühlt zum Brotteig geben.
Produkte: ganze Samen, Mehl, Flocken, Schrot, gepuffte Samen

Amaranth

TIPP

Wenn Sie Amaranthkörner kurzzeitig stark erhitzen, platzen sie auf und Sie erhalten gepuffte weiße Körnchen, ähnlich dem Popcorn.
Zubereitung: Geben Sie einen Esslöffel Amaranthsamen ohne Fett in eine heiße Bratpfanne und schließen Sie den Deckel. Die Pfanne muss so heiß sein, dass die Körnchen sehr schnell aufplatzen und nicht in der Pfanne liegen bleiben, da sie sonst verbrennen.
Die gepufften Körner sind leicht und knusprig und besitzen einen angenehm nussigen Geschmack. In dieser Form können Sie Amaranth als Snack, als Müslibeimischung oder als Backzutat verwenden. Gepufften Amaranth können Sie auch fertig im Reformhaus kaufen. Bis zu 5 % Amaranth in gepuffter Form können Sie in den Brotteig geben und Sie erhalten einen besonderen Wohlgeschmack und eine lockere Krume.

Bananenmehl

Bananen sind nicht gleich Bananen. Wenn es auch wenig bekannt ist, gibt es weltweit mehr als 100 verschiedene Sorten. Bananenmehl wird aus Kochbananen hergestellt, hat einen leicht süßlichen Geschmack und eine grünliche Farbe. Da Kochbananen kaum Zucker, sondern nur Stärke enthalten, ist das Mehl sehr gut backfähig und verlängert die Frische bzw. Haltbarkeit. Zudem ist der Gehalt an Magnesium und Ballaststoffen sehr hoch.
Sie können bis zu 40 % Bananenmehl einer Mehlmischung beifügen.
Produkte: Mehl

Buchweizen

Buchweizenmehl

So anders als der Name verrät, hat Buchweizen nichts mit Weizen zu tun. Der Namensvetter gehört botanisch zur Gattung der Knöterichgewächse und ist so mit Sauerampfer oder Rhabarber verwandt. Das Pseudogetreide ist ein wahres Powerfood und glänzt durch seinen hohen Gehalt an Aminosäuren, B-Vitaminen, Eisen, Kupfer und Magnesium. Buchweizen hat einen starken herbnussigen, leicht bitteren dominanten Eigengeschmack, so wird er in der Regel mit anderen Mehlen kombiniert. Ein ausgeglichenes Aroma erhalten Sie durch Mischung mit Reis-, Kartoffel- oder Maismehl. Brot aus reinem Buchweizenmehl wird hingegen sehr flach. Buchweizen selbst kann man wie Reis kochen und zum Brot geben oder Sie mischen ihn mal geschält und geröstet in den Brotteig.
Produkte: ganze, geschälte Früchte; Mehl, Schrot, Grütze, Flocken

Chiamehl

Wie der Name schon verrät, wird das Mehl aus Chiasamen hergestellt. Beheimatet sind sie in Mexiko und Guatemala und erst seit 2009 in der EU offiziell im Handel erhältlich. Die exotischen, kleinen und unscheinbaren Körnchen haben es in sich: Der hohe Gehalt an Eiweiß, Kalzium, Eisen und Omega-3-Fettsäuren macht sie sehr gesund und ebenso zu einem wahren Superfood. Wobei unsere heimischen Saaten wie Leinsamen, Rapsöl und Nüsse sich nicht dahinter verstecken müssen. Chiasamen haben kaum einen Eigengeschmack, ihre Schale ist fein und knusprig, gemahlen schmecken sie etwas intensiver. Sie können als ganze Samen oder gemahlen zum Binden verwendet werden. Ob Sie weißes oder schwarzes Chiamehl verwenden, unterscheidet sich nicht. Chiamehl wird gerne als Ei-Ersatz oder in glutenfreien Mehlmischungen als Bindemittel verwendet.
Produkte: ganze, geschälte Samen; Mehl

Chiagel und Chiapudding

Chiagel eignet sich hervorragend als Bindemittel in Brotteig. Zur Herstellung mischen sie 2 EL (20–25 g) Chiasamen mit 200 ml Wasser, füllen es in ein verschließbares Glas und lassen es mind. 2 Stunden stehen. Das Gel hält sich im Kühlschrank eine Woche, so können Sie gleich größere Mengen herstellen. Wichtig ist, dass die Flüssigkeitsmenge beim Zubereiten des Teiges miteinberechnet wird, da er ansonsten zu feucht wird.

Chiapudding ist ein wunderbares Dessert: 4 EL Chiasamen mit 250 ml Kokos- oder Mandeldrink mischen und ca. 4 Stunden im Kühlschrank ziehen lassen. Schnell, einfach, lecker, gesund und unkompliziert.

Hafermehl, glutenfrei

Die gute Nachricht vorweg: Seit wenigen Jahren sind nun auch in Deutschland spezielle glutenfreie Haferprodukte erhältlich. Diese halten den gesetzlich vorgeschriebenen Wert von unter 20 ppm Gluten (bezogen auf Weizen, Roggen und Gerste) ein. 2014 wurde von der Deutschen Zöliakie Gesellschaft e. V. und der Deutschen Gesellschaft für Gastroenterologie eine Leitlinie veröffentlicht, in der glutenfreier Hafer auch für Zöliakiebetroffene freigegeben wurde. Verschiedene klinische Studien belegen, dass nicht kontaminierter Hafer, der gesondert für Zöliakiebetroffene angebaut und verarbeitet worden ist, von der überwiegenden Mehrheit der Betroffenen beschwerdefrei in Mengen von bis zu 50 g pro Tag vertragen wird. Allerdings wird den Betroffenen empfohlen, Haferprodukte nur schrittweise in einen glutenfreien Ernährungsplan zu integrieren. Achten Sie beim Kauf unbedingt auf die Kennzeichnung „glutenfrei"!

Hafer ist ernährungsphysiologisch sehr hochwertig, da es sehr reich an essentiellen Aminosäuren, Vitaminen (v. a. Vitamin K) und Mineralstoffen (v. a. Magnesium) ist. Aufgrund seiner leichten Verdaulichkeit wird er bei Magen-Darm-Erkrankungen empfohlen.

Hafer ist ein gutes Grundnahrungsmittel, das pur aber nicht sehr gut zum Backen geeignet ist. Das Brot würde aufgrund der Zusammensetzung des Hafers zu hart und trocken werden. Aber frisch geschrotet oder in Form von Flocken und Kleien bereichert es die glutenfreie Brotbackwelt. Optimale Ergebnisse erzielt man durch Mischen mit anderen Mehlen, dabei soll der Haferanteil 40 % nicht überschreiten.

Produkte: ganzes Korn, Mehl, Flocken, Pops

Hanfmehl

Hanfmehl wird meistens aus dem Presskuchen, also dem Rückstand bei der Ölgewinnung, gewonnen.

Hanfsamen gehören zweifelsfrei zu den ernährungsphysiologisch hochwertigsten Ölfrüchten: Sie zeichnen sich durch ihren hohen Gehalt an Ballaststoffen aus, haben außerdem einen sehr hohen Proteingehalt und enthalten wichtige Mineralstoffe, B-Vitamine sowie Omega-3- und Omega-6-Fettsäuren. Der hohe Proteingehalt und dadurch geringere Stärkeanteil des Mehles bedeutet für die Backeigenschaft eine schlechte Wasserbindung und ein geringes Gashaltevermögen. Eine Zugabe von mehr als 10 % in einer Mehlmischung ist daher nicht ratsam.

Zudem führt die Zugabe von zu viel Hanfmehl zu einem bitteren Geschmack. Bei kleineren Mengen schmeckt Hanfmehl ähnlich wie Buchweizen- oder Kastanienmehl. Die Zugabe der Samen selbst verleiht dem Brot aufgrund ihrer knusprigen Konsistenz das gewisse Etwas (1 EL pro Teig).

Produkte: ganze Samen, Mehl, Öl

Hirsemehl

Das älteste Brotgetreide der Welt kommt meist aus China, ist Grundnahrungsmittel in Afrika und wird teilweise auch schon in Deutschland angebaut. In Hirse steckt viel Vitamin B_3, Magnesium und Eisen – wobei die ungeschälte Hirse (Braunhirse) weitaus mehr Inhaltsstoffe als die geschälte (Goldhirse) hat.

Ob gekocht (wie Reis), gepufft (wie Amaranth) oder gekeimt (wie Getreidesprossen) – für die glutenfreie Mehlmischung ist die Hirse eine leckere

Ergänzung. Hirse hat ein hohes Quellvermögen und benötigt daher bei der Teigherstellung etwas mehr Flüssigkeit. Das Mehl hat einen milden, süßlichen Geschmack und bewirkt in den Broten eine leichte, trockene und krümelige Struktur.

Produkte: Goldhirse, Mehl, Gries, Flocken; Braunhirse wird zu Mehl vermahlen

Goldhirse

Goldhirse ist ein sehr kleines und hartes Korn. Es ist von einer ebenso harten Schale umgeben, die wegen ihrer Unverdaulichkeit entfernt werden muss. Aufgrund der goldgelben Farbe wird das geschälte Hirsekorn auch Goldhirse genannt.

Kartoffelmehl / Kartoffelstärke

Auch die Kartoffel ist botanisch gesehen kein Getreide, sondern ein Gemüse. Im Handel ist Kartoffelmehl als Kartoffelstärke bekannt, es ist aber ein und dasselbe.

Zur Gewinnung von Kartoffelstärke wird die Stärke aus den Kartoffeln durch Auswaschung extrahiert. Da Kartoffelmehl kostengünstig ist, ein sehr gutes Quellvermögen besitzt und die Brotteige stabilisiert und emulgiert, ist es ein Favorit in der glutenfreien Brotzubereitung geworden. Es sollte allerdings nicht so lange gerührt oder geknetet werden, da es sonst seine teigbindende Eigenschaft verliert und klebrig wird.

Produkte: Stärke

Kastanienmehl

Die Edelkastanie oder Marone ist der „Brotbaum des Mittelmeeres". Kastanienmehl, auch süßes Mehl genannt, wird aus getrockneten, gerösteten und gemahlenen Kastanien hergestellt. Die Kastanie enthält wertvolle Kohlenhydrate, besitzt einen recht hohen Stärke- und Einfachzuckergehalt, reichlich Faserstoffe und wenig Eiweiß. Das Mehl ist eine leckere Zugabe für Brotteige, da es einen leicht nussigen und fein-herben Geschmack aufweist. Da es sehr viel Wasser bindet, geben Sie die Flüssigkeit unter Beobachtung der Teigbeschaffenheit nur esslöffelweise hinzu.

Produkte: Kastanienmehl, Kastanienflocken, Kastanienpüree, frische Früchte, getrocknete, tiefgekühlt oder aus dem Glas

Kichererbsenmehl

Kichererbsen gehören wie Bohnen, Erbsen und Linsen zu den Hülsenfrüchten, allerdings haben diese einen wesentlich heitereren Namen. Die Samen sind ein wichtiger Bestandteil vieler orientalischer Gerichte wie Falafel oder Hummus. Kichererbsen sind fettarm, jedoch reich an Eiweiß und Ballaststoffen. Zudem beinhalten sie wertvolle Mineralstoffe wie Eisen.

Das Kichererbsenmehl wird aus geschälten Kichererbsensamen gemahlen und hat daher, wie die Kichererbse selbst, eine zart gelb-beige Färbung und ist leicht nussig im Geschmack. Es eignet sich in einer Mischung mit anderen Mehlen sehr gut für süße und herzhafte Teige.

Produkte: getrocknet, vorgekocht in Konserven, Mehl, Mus

Kokosnussmehl

Kokosnussmehl entsteht durch Mahlung von getrocknetem und entöltem Kokosnussfleisch. Es ist reich an Ballaststoffen sowie Eiweiß und gleichzeitig arm an Fett und Kohlenhydraten.
Bei der Verwendung von Kokosmehl benötigen Sie aufgrund des hohen Ballaststoffgehaltes auch mehr Flüssigkeit. Es hat eine strahlend weiße Farbe und sein Aroma bringt eine unglaublich frische, raffinierte Kokosnote in den Teig.
Produkte: Flocken, Mehl, Kokosdrink, Öl

Leinsamenmehl

Leinsamen sind die Samen aus der Flachspflanze. Das Leinsamenmehl verfügt über einen hohen Protein- und Ballaststoffgehalt, hat einen nussigen Geschmack und ein sehr gutes Quellvermögen. Diese Eigenschaften werten das Brot merklich auf. Zum Teig können bis zu 25 % Mehlanteil gegeben werden. Leinsamenmehl kann wie auch Chiasamenmehl oder Sojamehl als Ei-Ersatz verwendet werden: 1 EL Leinsamenmehl mit 3 EL Wasser vermischt entspricht 1 Ei.
Produkte: ganze Samen, geschrotet, Mehl. Leinsamen gibt es in zwei Sorten, braun oder goldgelb

Goldgelber Leinsamen

Dieser ist eine Sonderzüchtung und verfügt gegenüber dem braunen über ein noch größeres Quellvermögen, allerdings enthält er weniger Omega-3-Fettsäuren.

Lupinenmehl

Lupine ist eine äußerst eiweißreiche Hülsenfrucht und wird gerne als heimische Alternative zu Soja beworben, da Lupinensamen der Zusammensetzung von Sojabohnen sehr ähneln. So enthält sie hochwertiges Eiweiß und auch alle essentiellen Aminosäuren, die per Nahrung zugeführt werden müssen.
Lupinenmehl wird aus der Süßlupine gemahlen, hat eine gelbliche Farbe und sorgt backtechnologisch gesehen für eine gute Frischhaltung und hat einen leicht nussigen Geschmack – ähnlich der Kichererbse.
Produkte: Mehl, Schrot

Maismehl

Mais ist ein Süßgras und stammt ursprünglich aus Mexiko. Unter den Getreidearten ist er diejenige mit dem größten Korn. Es gibt verschiedene Sorten für unterschiedliche Verwendungszwecke, wie etwa Hart-, Zahn-, Mehl- und Zuckermais. Die getrockneten Malskörner werden zu Maisgrieß (Polenta) oder Maismehl gemahlen.
Mais hat einen hohen Anteil an Kohlenhydraten und Eiweiß. So ist er in vielen Entwicklungsländern Grundnahrungsmittel, aber auch bei uns wird er gerne verzehrt – sei es als Popcorn im Kino oder als Cornflakes zum Frühstück.
Die typisch gelbe Farbe des Mehls verleiht den Broten etwas Farbe. Zudem hat es einen feinen Geschmack und eine körnige Krume. Neben Reismehl wird Maismehl sehr gerne und am häufigsten in glutenfreien Mehlmischungen verwendet. Maisstärke, die in einem Auswaschverfahren aus entkeimten und gequollenen Körnern gewonnen wird, ist ein weißes feines Pulver.

Produkte: ganze Körner auch gepufft (Popcorn), Grieß grob und feinkörnig (Polenta), Mehl, Maisstärke, Flocken (Cornflakes), Keimöl

Mandelmehl

Mandelmehl und gemahlene Mandeln sind nicht ein und dasselbe. Mandelmehl ist ein Nebenprodukt bei der Mandelölherstellung: Der dabei entstandene „Presskuchen" (teilentölte Mandeln) wird fein zu Mehl gemahlen. Gemahlene Mandeln, wie wir sie im Supermarkt erhalten, sind einfach gemahlene ganze Mandeln (häufig enthäutet). So hat Mandelmehl einen weitaus geringeren Fettgehalt als gemahlene Mandeln. Dennoch enthält das hochwertige Mehl viel Eiweiß und Ballaststoffen und einen geringen Gehalt an Kohlenhydraten. Mandelmehl ist sehr trocken und benötigt daher mehr Flüssigkeit als gemahlene Mandeln. Aufgrund der Beschaffenheit und des milden Geschmacks, eignet sich Mandelmehl hervorragend für Hefeteige und Brotbackmischungen.

Produkte: blanchiert, gemahlen, Mehl, Mandeldrink

Maniokmehl bzw. Tapioka

Was für uns die Kartoffel ist, ist in Südamerika, Afrika oder Asien Maniok (auch unter dem Namen Farinha, Cassava, Polvilho bekannt). Da der Fettgehalt sehr gering ist, aber der Gehalt an Kohlenhydrate hoch, werden die Knollen durch Trocknen und Raspeln häufig zu Mehl oder Stärke verarbeitet.
Die Konsistenz des Mehles ist griffig und wachsartig zu beschreiben. Der Geschmack kann je nach gewähltem Produkt verschieden ausfallen: Es gibt eine süße, saure und herzhafte Variante – variieren Sie nach Lust und Laune. Wenn Sie Maniokmehl in der Pfanne unter Rühren etwas rösten, erhalten Sie Farofa, ebenso eine interessante Alternative im Brot. Der Anteil von Maniokmehl im Teig sollte eher gering ausfallen (20–30 %).
Ein Nebenprodukt, das bei der Herstellung von Maniokmehl gewonnen wird, ist Stärke (auch Tapioka genannt). Sie verbessert aufgrund der guten Flüssigkeitsaufnahme die Elastizität des Brotes.
Produkte: erhältlich in Asia-Lebensmittelmärkten oder in glutenfreien-Onlineshops, Maniokmehl, Gari (Grieß), Tapiokastärke

Quinoamehl

Die getreideähnliche Pflanze wird auch Inkakorn, Perureis oder Gold der Inkas genannt und ist ein Blattgemüse (verwandt mit dem Spinat), das in Peru, Bolivien und in den Hochebenen der Anden angebaut wird. Die Inkas bezeichneten Quinoa als „Wunderkorn" da es sich durch einen hohen Nährwert, hochwertiges Eiweiß und einen hohen Gehalt an Vitaminen und Mineralstoffen auszeichnet. Ihre Samen sind rotbraun, gelb oder weiß und erinnern an Hirse. Quinoa hat einen nussigen Geschmack, gibt Broten eine gute Textur und bindet viel Flüssigkeit im Teig. Die Samen, geröstet oder gepufft (wie Amaranth), sind tolle Backzutaten im Brot. Die Körner können Sie wie Hirse oder Reis zubereiten und gegart ebenfalls als Backzutat verwenden.
Produkte: Keime, gepufft, Flocken, Schrot, Mehl

Quinoa

Glutenfreies Brot, getoastet immer ein Genuß.

Reismehl

Die Herstellung von Reismehl hat ihren Ursprung dort, wo man es vermutet, in Asien. Reis ist ein Süßgras, von dem es weltweit rund 100 000 Sorten gibt. Dennoch lassen sich drei Grundtypen unterscheiden: Lang-, Mittel- und Rundkornreis. Reis ist zwar sehr reich an Kohlenhydraten, gekocht hat es aber – verglichen mit anderem Getreide – nur eine geringe Energiedichte (1 kcal/ Gramm). Zudem liefert es viele Ballast- und Mineralstoffe. Da sich diese in der Schale befinden, ist Vollkornreis am gesündesten. So sinkt auch der Nährwertgehalt mit dem Bearbeitungsgrad des Korns.

Das klassische weiße Reismehl wird durch fein gemahlenen Langkornreis gewonnen. Mehl aus Vollkornreis ist braun. Aber auch der bei uns nicht so gängige Klebreis (eine Reissorte mit besonders mehligen Körnern) kann zu Mehl (Klebreismehl) vermahlen werden. Reismehle haben ein besonders hohes Quell- und Dichtungsvermögen und einen neutralen Geschmack. Allerdings nimmt Reismehl im kalten Zustand fast keine Flüssigkeit auf, so ist der Teig vor dem Backvorgang sehr flüssig – lassen Sie sich davon nicht beirren. Denn erst beim Backen nimmt der Reis die Flüssigkeit auf und das Brot erhält eine feste Konsistenz.

So viele verschiedene Reissorten es gibt, so viele unterschiedliche Reismehle gibt es auch. Ein Premiumreismehl wird aus vielen verschiedenen Reissorten gemischt und weist daher oft eine sehr hohe Backeigenschaft auf. Auch wenn die Mehle fast gleich aussehen, kann das Backergebnis unterschiedlich sein. Daher beobachten Sie den Teig bei der Herstellung um eventuell noch die Flüssigkeitsmenge oder Mehlmenge zu verändern.

Als Tipp: Mit einer Getreidemühle können Sie Reismehl selber herstellen, indem sie die Reissorte Ihrer Wahl oder mehrere gemischt fein mahlen.

Produkte: Reisflocken, Grieß, Mehl, Stärke

Sojamehl

Sojamehl wird aus der Sojabohne (Hülsenfrucht) in unterschiedlichen Verfahren hergestellt.

Zum einen das *vollfette Mehl,* hier werden die Sojabohnen nach dem Schälen und Rösten fein gemahlen. Bei dieser Variante enthält das Sojamehl über 20 % Fett und 40 % Eiweiß. Das *entfettete Mehl* ist ein Nebenprodukt, das bei der Herstellung von Sojaöl anfällt und enthält weniger als 1 % Fett und ca. 50 % Eiweiß.

Sojamehl ist ein hervorragender Emulgator und Stabilisator, verbessert somit die Teigbindung, die Knettoleranz und die Gärstabilität. Der Teig wird trockener, die Brotgröße steigt und die Krumenstruktur wird verbessert. Aufgrund

seines intensiven, nussigen Eigenge-
schmacks wird empfohlen, es nur in geringen Mengen (max. 20 %) dem Teig
beizumischen. Als Alternative können
Sie auch Lupinenmehl verwenden.
Da Sojamehl ein sehr gutes Bindemittel
ist, können Sie es auch als Ei-Ersatz verwenden: Für 1 Ei mischen Sie 1 EL Sojamehl mit 2 EL Wasser.
Produkte: Mehl, Grieß, Flocken, Drink

Sorghum- / Milomehl

Die Sorghumhirse ist eine Pflanzengattung aus der Familie der Süßgräser. Es
ist ein wichtiges Brotgetreide in Afrika
und Indien und wird vorwiegend für die
Produktion von Mehl verwendet. Weltweit hat sie sich auch erfolgreich in glutenfreiem Bier etabliert. Sorghummehl,
Milomehl, Mohrenhirse, Mashella, Jowar Flour, Jowar, Red Dari ... ein Produkt
mit vielen Namen und doch ein und
dasselbe Korn bzw. Mehl.
Das Mehl hat einen hohen Eiweißgehalt
und viele Ballaststoffe und einen sehr
milden, leicht süßlichen und nussigen
Geschmack. Im Vergleich zu Reismehl
sorgt das Sorghummehl für eine wesentlich glättere Textur im Brot und
wird daher gern zum Backen verwendet.
Produkte: Mehl, glutenfreies Bier

Gepufftes Getreide

Alle Arten von Pops (wie Amaranth-
pops, Popcorn, Quinoapops)
eignen sich sehr gut zum Brot
backen und ich verwende diese
auch sehr gerne. Sie machen den
Teig nicht nur wunderbar luftig,
sondern bringen auch ein neues
Geschmackserlebnis.

Teffmehl

Teff, auch bekannt unter Zwerghirse, ist
ein altes äthiopisches Kulturgetreide.
Dort ist es auch das wichtigste Getreide
und wird meist zu Fladen oder Bier weiterverarbeitet. Teff ist reich an vielen
wertvolle Nährstoffe wie Eisen, Kalzium
und essentielle Aminosäuren. Zudem
hält es lange satt und liefert langanhal-
tende Energie.
Da das Teffkorn ganz klein ist (150 mal
kleiner als ein Weizenkorn), wird stets
das ganze Korn zu einem Vollkornpro-
dukt verarbeitet. Teff hat ein nussiges
Aroma und einen leicht süßlichen Geschmack. Das Mehl hat ein sehr gutes
Wasserbindungsvermögen und hält somit das Brot weich und saftig.
Mit Teffmehl ist es möglich, ein Brot
mit nur einer Mehlsorte zu backen,
allerdings hat es einen sehr speziellen
Geschmack und ist somit nicht jeder-
manns Sache. Lassen Sie sich davon
aber nicht abschrecken und probieren
Sie mal was Neues aus.
Produkte: Vollkornmehl

Traubenkernmehl

Traubenkernmehl, auch Traubenkern-
pulver genannt, besteht aus gemahlenen Weintraubenkernen. Traubenkernmehl ist ballaststoffreich und reich an
OPC, ein sekundärer Pflanzenstoff, der
im Körper freie Radikale binden kann
(antioxidative Wirkung).
Das rötlich braune Traubenkernmehl
sorgt für eine schöne Farbe des Brotes
und für ein fein-herbes Aroma. Ein Zusatz von 5–10 % an Traubenkernmehl
zum Teig wertet jedes Brot erheblich
auf.
Produkte: Öl, Mehl, Pulver

Stärke

Stärke bzw. Stärkemehl ist ein feines, weißes, geschmacksneutrales Pulver. Die Gewinnung von Stärke variiert nach Pflanzenart, ist aber im Grunde immer der gleiche Ablauf: Die Stärkekörner werden zuerst ausgewaschen und anschließend getrocknet.

Die Begriffe „Stärke", „glutenfreie Weizenstärke" oder „modifizierte Stärke" sorgen oft für Verwirrung, ob es glutenfrei ist oder nicht: Mais-, Reis-, Kartoffel- und Tapiokastärke sind glutenfrei. Steht im Zutatenverzeichnis nur Stärke oder modifizierte Stärke kann man ebenfalls davon ausgehen, dass diese glutenfrei ist.

Es gibt aber auch glutenfreie Weizenstärke (Prima-Weizenstärke). Das Ausgangsprodukt Weizen ist zwar zuerst glutenhaltig, jedoch wird es im Herstellungsprozess durch Auswaschen und Verdünnen glutenfrei (Glutengehalt unter 20 mg/kg) gemacht.

Folgende Stärkequellen gibt es:
Stärke aus Getreide: Mais, Reis, Weizen
Stärke aus Knollen: Kartoffel
Stärke aus Wurzeln: Maniokwurzel (Tapiokastärke), Pfeilwurzelstärke (Arrowroot)

Die Stärke hat viele positive Eigenschaften und ist beim Backen von besonderer Bedeutung: Gutes Quellvermögen, gute Verkleisterung, gute Flüssigkeitsaufnahme, Verbesserung der Krume, neutraler Geschmack, stabilisiert und emulgiert die Teige.

Binde-, Gelier- & Verdickungsmittel

Wie bereits erwähnt, ist Gluten für die Wasserbindung im Teig und somit für die Struktur des Brotes sehr wichtig. Da bei glutenfreien Mehlen dieser „Kleber" fehlt, muss er durch Bindemittel ersetzt werden.

Die Auswahl an Bindemitteln ist sehr groß. Unten angeführt finden Sie diejenigen, die am häufigsten in glutenfreien Mehlmischungen verwendet werden und sich auch bewährt haben. Doch es muss nicht immer Stärkemehl sein, auch Eier oder Ei-Ersatz wie geschrotete oder gemahlene Lein- & Chiasamen, Ballaststoffe oder Pektine eignen sich gut zum Binden.

Welches Stärkemehl das Richtige für Sie ist, hängt davon ab, was Sie vertragen, welches für Sie leicht verfügbar ist, welche Vorlieben Sie haben und was sie als Endergebnis backen möchten.

Enthält die Stärke Gluten, muss es im Zutatenverzeichnis angegeben sein! Welche Stärkesorte (Maisstärke, Kartoffelstärke, Reisstärke, Tapiokastärke) Sie verwenden, hängt von Ihren persönlichen Vorlieben ab.
Beim Backvorgang und Endprodukt konnte ich keine nennenswerten Unterschiede feststellen.

Guarkernmehl

… wird aus den Samen der Guarpflanze bzw. Guarbohne gewonnen und ist ein weiß-gelbliches Pulver. Schon kleinste Mengen reichen aus, um – auch ohne Erhitzung – große Flüssigkeitsmengen zu binden (ca. 8 mal quellfähiger als Stärke). Es hat eine emulgierende und verdickende Wirkung und erhöht somit den Feuchtigkeitsgehalt im Brotteig, wodurch unter anderem auch die Haltbarkeit verlängert wird.

Zucker und zu langes Rühren verringern die Fähigkeit des Stoffes Wasser zu binden. Es ist in gleicher Menge mit Johannisbrotkernmehl austauschbar. *Empfohlene Dosierung:* 10 g (1 EL) Guarkernmehl pro 500 g glutenfreie Mehlmischung

Johannisbrotkernmehl

... wird aus den Samen der Johannisfrucht gewonnen und ist ein weißbeiges Pulver. Es ist in heißem Wasser vollständig löslich und bildet in kaltem Wasser eine Art Gelee. Aus diesem Grund wird es gerne als Verdickungsmittel eingesetzt.

Es ist ein geschmacksneutraler, wasserlöslicher Ballaststoff mit hoher Bindefähigkeit. Seine technologischen Eigenschaften sind wie Guarkernmehl und daher 1:1 austauschbar. Im Handel ist es auch unter dem Namen „Bindobin" erhältlich.

Empfohlene Dosierung: 10 g (1 EL) Johannisbrotkernmehl pro 500 g glutenfreie Mehlmischung

Pfeilwurzelstärke

... wird aus Wurzeln und Knollen verschiedener tropischer Pflanzen gewonnen und ist ein feines, weißes, stärkehaltiges Pulver, das sich gut zum Binden eignet.

Die Pflanzenteile werden gewaschen, geschält und gerieben. Durch Trocknen wird der so gewonnenen milchigen Stärkeflüssigkeit Wasser entzogen.

Empfohlene Dosierung: 15 g (1½ EL) Pfeilwurzelstärke pro 500 g glutenfreie Mehlmischung

Xanthan

... oder auch Xanthan Gum genannt, ist ein natürliches Bindemittel (weiß bis gelbliches Pulver), das mit Hilfe von Bakterien gewonnen wird. Xanthan fördert die Backeigenschaften glutenfreier Backwaren und gibt Brot und Brötchen eine krosse Kruste. Es ist sowohl in warmem als auch kaltem Wasser leicht löslich. Es zeichnet sich durch hohes Wasserbindungsvermögen und eine gute Quellwirkung sowie Elastizität aus.

Empfohlene Dosierung: 5 g (½ EL) Xanthan pro 500 g Mehlmischung

Ballaststoffe

... auch Nahrungsfasern, Rohfasern oder Pflanzenfasern genannt. Ballaststoffe sind Substanzen, die in pflanzlicher Nahrung enthalten sind wie beispielsweise Apfelfaser, glutenfreie Weizenfaser, Zuckerrübenfasern und einige mehr. Meist sind sie in Form von Pulver oder Flocken erhältlich.

Da die Qualität von glutenfreiem Brot stark von der Wasseraufnahme bei der Teigbereitung abhängt, kann mit Zugabe von Ballaststoffen mehr Wasser im Teig gebunden werden und somit das Backergebnis verbessert werden. Dies bewirken zwar auch andere quellende Zusätze wie Quellmehle, Restbrot oder andere Stoffe aber nur bei der Zugabe von Ballaststoffen wird der Brennwert nicht erhöht, sondern reduziert.

Der Einsatz von Ballaststoffen sorgt für eine feine Textur der Krume, die Poren werden feiner und das Brot hält länger frisch.

Dosierung: abhängig vom Produkt und gewünschtem Endprodukt

Flohsamenschalen

... sind wie der Name vermuten lässt, die Schalen der Flohsamen. Sie werden überwiegend in Indien und Pakistan angebaut und auch unter Fiber Husk (Psyllium) im Handel verkauft (als Flohsamen oder Flohsamenschalen, gemahlen oder auch ganz). Der Flohsamen ist eine Heilpflanze und gehört zur Gattung der Wegeriche.

Flohsamenschalen bestehen aus der äußeren Schicht der Flohsamen, sind im Geschmack neutral und ein großartiges Quellmittel. Sie bestehen überwiegend aus löslichen Ballaststoffen, die eine Schleim bildende Funktion haben, können sehr große Mengen Flüssigkeit binden und quellen dabei bis auf das 50-fache Volumen auf. Ganze Flohsamen hingegen können nur auf das 15-fache ihres Volumen aufquellen. Flohsamen sind also nicht so quellfähig wie Flohsamenschalen und gemahlene Flohsamenschalen, daher bitte nicht verwechseln. Eine Zugabe von Flohsamenschalen bzw. gemahlenen Flohsamenschalen macht den Teig geschmeidiger und lässt das Brot nicht so schnell austrocknen. *Dosierung:* abhängig vom Produkt und gewünschtem Endprodukt

Glutenfreie Mehle im Haushalt lagern

Lagern Sie Mehl grundsätzlich an einem dunklen, kühlen und trockenen Ort. Vermeiden Sie eine große Vorratshaltung und kaufen oder mahlen Sie lieber frisch. Um eine Verwechslung bzw. Kontamination auszuschließen, lagern Sie glutenfreie Mehle getrennt von glutenhaltigen Mehlen bzw. Lebensmitteln.

Brote mit Brüh-, Koch- und Quellstücken

Die Zugabe von mit Wasser gequellten Mehlen, Körnern, Samen oder Schrot verleiht dem glutenfreien Brot eine bessere Teigeigenschaft.
> Es wird saftiger.
> Es erhält eine bessere Textur.
> Es wird schnittfester.
> Es bekommt einen intensiveren Geschmack.
> Es wird länger haltbar gemacht.

Brühstück

Ein Brühstück dient der Vorquellung von Samen, Körnern, Mehlen, Schroten oder auch Restbrot.
Zubereitung: Mehle, Körner oder Ölsamen werden im Verhältnis 1:1 bis 1:3 mit heißem, fast kochendem Wasser übergossen und mit einem Kochlöffel gut verrührt, bis ein fester „Kloßteig" entsteht. Anschließend muss er mind. 20 Minuten bis 6 Stunden stehen, damit der „Getreidebrei" gut durchquellen bzw. verkleistern kann. Decken Sie den Teig mit Folie oder einem Deckel in dieser Zeit gut ab, damit die Oberfläche nicht austrocknet.

Kochstück

Wie der Name schon verrät, werden hierbei Getreidekörner z. B. Reis, Quinoa, Buchweizen oder Hirse mit der 3-fachen Menge Wasser gekocht. Der Anteil von Kochstücken im Rezept liegt bei ca. 10–15 % der Teigmenge.
Zubereitung: Die Getreidekörner werden in einem Sieb kalt abgespült und gründlich gewaschen. Anschießend in einem Topf mit Wasser für 20 Minuten kochen und abgedeckt bei ausgeschalteter

Herdplatte 10 Minuten nachquellen lassen. Am besten direkt in den Teig geben, solange es eine lauwarme Temperatur hat.

Quellstück

Beim Quellstück ist das Ziel über eine Zeitspanne von 2 bis 24 Stunden die Bestandteile ausquellen zu lassen. *Zubereitung:* Samen, Getreidekörner oder Schrot werden in kaltem Wasser zum Vorquellen am besten über Nacht angesetzt. Das Verhältnis Schüttflüssigkeit (Wasser) zu Rohstoff beträgt meist 1 : 2 oder 1 : 3.

Immer locker bleiben – glutenfreie Triebmittel

Backwaren werden bei der Herstellung gelockert. Ungelockerte Brote sind schwer, haben ein kleines Volumen und eine klitschige, unelastische Krume. Sie lassen sich schwer schneiden und beim Kauen bleiben sie fest und schmecken weniger aromatisch. Zudem liegen sie lange im Magen, sind schwer verdaulich und wenig bekömmlich.
Kurz gesagt: Ungelockerte Backwaren sind für den Verzehr nicht geeignet. Deshalb benötigen wir für das Brotbacken ein sogenanntes Triebmittel bzw. Lockerungsmittel wie zum Beispiel Hefe, Sauerteig oder Backferment. Die meisten im Handel angebotenen Backtriebmittel sind von Natur aus glutenfrei und pflanzlich.

Glutenfreie Hefe

Hefen sind Kleinlebewesen und zählen zu den niederen Pilzen. Sie vergären Zuckerstoffe in Alkohol und Kohlendioxid, letzteres „lüftet" sozusagen den Teig.

Da Hefe lebt, benötigt sie Nahrung, nämlich Zucker, Eiweiße und stickstoffhaltige Mineralstoffe. So ist der Brotteig ein geeigneter Nährboden für Hefe. Sie lockert den Teig, lässt ihn aufgehen und verleiht ihm eine elastische Konsistenz. Zudem mag die Hefe es recht warm: Ihre Lebenstemperatur liegt zwischen 0°C und 55°C, ab 60°C sterben die Hefezellen ab.
Obwohl Hefe von Natur aus ein glutenfreier Pilz ist, sollten Sie beim Kauf darauf achten, ob es sich um glutenfreie oder glutenhaltige handelt: Hefe, die auf natürliche Weise auf Melasse gezüchtet wird, ist glutenfrei. Hefe, die auf anderen – glutenhaltigen – Nährböden, wie beispielsweise Hafer oder Weizen, gezüchtet wird, ist nicht glutenfrei. Achtung, da der Nährboden keine Zutat ist, entfällt hier die Kennzeichnungspflicht.
Ob Sie Trocken- oder Frischhefe verwenden, hat keinen Einfluss auf das Backergebnis im Brotbackautomaten. Die Frischhefe hat lediglich einen intensiveren Hefegeschmack.

Hefe vorab aktivieren

Um eine sichere Variante der Hefeaktivierung zu wählen und um die Triebkraft zu überprüfen, können Sie sowohl Frischhefe als auch Trockenhefe mit etwas (ca. 100 ml) lauwarmer Flüssigkeit (30–35°C) und ½ TL Zucker in einer Tasse anrühren. Die Hefe sollte direkt beginnen aufzuschäumen und entfaltet ihre Triebkraft.
Nach ca. 10 Minuten die Hefelösung in den glutenfreien Teig mischen.

Frischhefe können Sie in Würfel zu je 42 g kaufen, haben Sie dabei immer das Ablaufdatum im Auge. Frische Hefe erkennt man an ihrer grau-gelblichen Farbe und feuchten Oberfläche. Angebrochene frische Hefe ist nur einige wenige Tage verwendbar und verliert schnell ihre Triebkraft. Frischhefe muss im Kühlschrank gelagert werden, zum Einfrieren eignet sie sich nur bedingt. Tiefgekühlte Hefe verliert ebenso mit zunehmender Lagerdauer an Triebkraft. Zum Verarbeiten zerbröseln Sie die Frischhefe und lösen diese in lauwarmem Wasser auf, sodass sie sich im Teig gleichmäßig verteilen kann. **Trockenhefe** ist eine sehr gute Alternative zu Frischhefe. Durch einen warmen Luftstrom, der das Wasser schonend aus der frischen Hefe aufnimmt, wird die Hefe getrocknet. Durch ein spezielles Verfahren wird die pulverförmige Trockenhefe in ein rieselfähiges Granulat mit sehr guten Verarbeitungseigenschaften überführt und ist für mindestens ein Jahr haltbar. So lässt sich die Trockenhefe wunderbar auf Vorrat kaufen. Ein Päckchen Trockenhefe (10 g) entspricht 25 g (etwa einem halben Würfel) Frischhefe. Auch die Handhabung ist etwas einfacher, Sie können die Trockenhefe direkt unter das Mehl mischen.

Verschiedene Lockerungsmittel.

Sauerteig
Hefe
Backpulver
Backferment
Trockenhefe

Ich selbst verwende bei den Rezepten überwiegend Trockenhefe zum Backen, da die Verarbeitung und Dosierung sehr einfach ist. Die lange Haltbarkeit vereinfacht eine Vorratshaltung und ermöglicht mir jederzeit spontan ein Brot zu backen.

Glutenfreier Sauerteig

Der Sauerteig ist, anders als sein Name denken lässt, kein eigenständiger Teig, sondern – ähnlich wie die Hefe – ein wichtiger Bestandteil und Triebmittel für aromatisches Brot.
Um reine, pure Sauerteigbrote zu backen, erfordert es eine aufwendige Sauerteigführung. Daher wird häufig eine Kombination aus Sauerteig und Hefe verwendet um Sauerteigbrote zu backen. Sauerteig hat eine bemerkenswerte Fähigkeit, den Geschmack und die Struktur von glutenfreien Broten zu verändern bzw. zu verbessern. Er entsteht aus einem Gemisch aus Mehl und Wasser, in dem sich spontan Milch- und Essigsäurebakterien vermehren. Diese produzieren eine natürliche Säure, die die Konsistenz des Brotes verbessern und auch dem Sauerteigbrot seinen typischen Geschmack verleihen. Im Handel erhalten Sie diesen sowohl als fertigen frischen Sauerteig, als auch in pulvriger oder flüssiger Form. Jedoch ist herkömmlicher Sauerteig meistens nicht glutenfrei!
Als „Sauerteigersatz" können auch Buttermilch und/oder Essig dienen. Dabei nutzt man die Tatsache, dass sowohl im Sauerteigextrakt als auch in Sauermilchprodukten wie der Buttermilch Milchsäure enthalten ist.
Glutenfreien Sauerteig können Sie selbst herstellen und wenn Sie häufiger

Sauerteigbrote backen, ist es billiger und wahrscheinlich auch schmackhafter Ihren eigenen anzusetzen. Die Zubereitung ist nicht schwer und wird Ihnen nach einer Weile, wenn Sie etwas Routine haben, ebenso leicht von der Hand gehen wie das Backen mit Hefe. Da der Sauerteigansatz sehr anfällig für Schimmelbildung ist, sollte die Arbeitsumgebung sauber sein. Falls sich doch einmal Schimmel statt Bläschen und Säuren bilden, dann müssen Sie den Ansatz leider im Müll entsorgen.

Falls Ihnen der Zeitaufwand zu groß ist, greifen Sie auf einen gekauften glutenfreien Sauerteig zurück. Mit diesem backe ich auch in den angegebenen Rezepten.

3-Stufen Sauerteig:

1. Stufe: 100 g Teffmehl (oder andere glutenfreie Mehle wie z. B. aus Reis, Buchweizen, Amaranth oder Mais) und 100 ml lauwarmes Wasser glattrühren (wie etwa Waffelteig) und bei etwa 25–30°C für 24 Stunden stehen lassen (die Milchsäurebakterien vermehren sich).

2. Stufe: Anschließend 100 g Teffmehl (oder andere glutenfreie Mehle) und 100 ml lauwarmes Wasser mit einem Schneebesen in den Ansatz dazu rühren und erneut bei etwa 25°C für 24 Stunden stehen lassen (Essigsäure entsteht).

3. Stufe: Nun 100 g Teffmehl (oder andere glutenfreie Mehle) mit 100 ml kohlensäurehaltigem Mineralwasser (Zimmertemperatur) mit einem Schneebesen dazu rühren und weitere 24 Stunden stehen lassen (etwa 25°C). Jetzt gärt der Teig und die Säuren und Aromastoffe werden optimiert. Anschließend muss der Teig so säuerlich riechen und schmecken, dass man beim Probieren das Gesicht verzieht. Falls noch immer keine Säure vorhanden ist, den Teig einen weiteren Tag stehen lassen. Den fertigen Sauerteig luftdicht verpackt im Kühlschrank aufbewahren.

Sauerteig aufbewahren

Damit die ganze Prozedur der Sauerteigherstellung nicht jedes Mal wiederholt werden muss, geben Sie etwas von dem Sauerteig in ein Glas mit Schraubdeckel (Marmeladenglas) und bewahren Sie dieses im Kühlschrank auf. So hält sich der Sauerteig mindestens eine Woche.

Aufbewahrter Sauerteig wird beim Neuansatz als so genanntes Anstellgut benutzt und kann weiter geführt werden. Um wieder neuen, frischen Sauerteig zu erhalten, benötigen Sie 20 % der zu versäuernden Mehlmenge als Anstellgut.

Glutenfreies Backferment

Hefe und Sauerteig sind den meisten ein Begriff, anders steht es mit dem eher unbekannten Backferment, obwohl es sich hier um einen milden Sauerteig und somit ein biologisches Teiglockerungsmittel handelt. Es kann alleine, also ohne Zusatz von anderen Triebmitteln wie Hefe oder Sauerteig, verwendet werden. Die Wirkung des Ferments beruht auf einem Gäreffekt, der durch die Mischung von Honig mit Wasser entsteht. Personen mit einem empfindlichen Verdauungssystem vertragen mit Backferment hergestellte Backwaren besser als mit Hefe oder Sauerteig gebackenes Brot.

Glutenfreies Backferment kommt als pulverförmiges Granulat, welches als Starterkultur wirkt, in den Handel. Wie beim Sauerteig wird ein Grundansatz zubereitet, der eine lange Vorbereitungszeit und Teigführung benötigt. Der Grundansatz kann aber auch schon fertig gekauft werde. Neben konventionellem, glutenfreiem Backferment mit Honig gibt es auch rein pflanzliche Varianten. Zur weiteren Verarbeitung beachten Sie bitte die jeweiligen Herstellerangaben.

Mineralwasser statt Backpulver

Eine spritzige Backzutat: Mit Mineralwasser geht der Teig locker auf. Mineralwasser mit Kohlensäure wirkt im Teig wie ein Triebmittel und ist so ein natürlicher Ersatz für Backpulver. Die Kohlensäure setzt einen Gärprozess in Gang, der den Teig aufgehen lässt. Beim Kuchenbacken können Sie das Backpulver evtl. ganz weglassen, wenn Sie Sprudelwasser in den Teig rühren.

Alkohol statt Backpulver

2–3 EL hochprozentiger Rum oder Cognac haben dieselbe Wirkung wie Backpulver, das in Verbindung mit Wasser und Hitze Kohlensäure freisetzt.

Backpulver, Weinsteinbackpulver, Natron

Backpulver besteht in der Regel aus Natron (Natriumhydrogencarbonat) und mindestens einer Säure (z. B. Zitronensäure). Dazu kommen meist noch eine Phosphat- oder Schwefel-Verbindung sowie ein Trennmittel (z. B. Mehl oder Stärke). Natron liefert das Kohlendioxid, die Säuren dienen als Kohlendioxidentwickler und das Trennmittel dient zur Trockenhaltung des Backpulvers während der Lagerung. Die erste Reaktion zwischen Säure und Natron beginnt schon beim Rühren des Teiges, der Haupttrieb findet allerdings erst unter Wärmeeinwirkung beim Backen statt.

Mit Backpulver können Sie schnell und bequem backen: Da die Teige keine Ruhezeit benötigen, können Sie sofort mit dem Backen beginnen. Aber nicht jedes Backpulver ist glutenfrei, achten Sie daher auf die Kennzeichnung „glutenfrei". **Weinsteinbackpulver** enthält zwar auch Natron, aber natürlichen Weinstein als Säure, die z. B. bei der Sektherstellung anfällt. Zudem wurde kein Phosphat zugesetzt. Weinstein reagiert erst beim Backen mit dem Natron. Weinsteinbackpulver ist eine natürliche Alternative zu herkömmlichem Backpulver. Oft schmecken die Gebäcke mit Weinsteinbackpulver milder und weniger stumpf (oder pelzig) als Gebäck, das mit herkömmlichem Backpulver hergestellt wurde. Für die Konsistenz spielt es jedoch keine Rolle, ob Sie Backpulver oder Weinsteinbackpulver verwenden: Die Teige werden mit beiden Triebmitteln locker.
Natron wird auch Backsoda genannt. Es ist auch ohne die Hilfsstoffe, die sich im Backpulver noch zusätzlich befinden, ein sehr gutes Triebmittel. Natron kann durch Backpulver ersetzt werden, da das Backpulver auch Natron enthält. Damit Natron aktiviert und als Triebmittel funktioniert, muss der Teig genügend Säure enthalten. Es eignen sich hierfür beispielsweise Joghurt, Buttermilch, Essig, Zitronensaft oder andere säurehaltige Zutaten.

Backpulver selbst machen

Backpulver mit Zitronensäure:
150 g Haushaltsnatron, 130 g Zitronensäure, kristallin, je 30 g Kieselerdepulver und Speisestärke zusammen mischen. 1–2 EL reichen für 500 g Mehl.

Glutenfreie Mehlmischungen selber machen

Für einen glutenfreien Brotteig kommt es auf das richtige Mischungsverhältnis der einzelnen glutenfreien Mehle an. Alle glutenfreien Mehlsorten haben einen recht starken Eigengeschmack, können dem Brot somit Tiefe und Charakter verleihen, aber auch zu stark dominieren und feine Aromen damit erschlagen.

Sie können auf fertige Mehlmischungen verschiedener Anbieter zurückgreifen oder Sie mischen sich Ihr Mehl selbst. Eine selbst hergestellte Mischung aus verschiedenen glutenfreien Mehlen hat viele Vorteile: Sie können nach Geschmack, Vorlieben und Verträglichkeit selbst wählen, welche Sorte Sie verwenden wollen. Mehlmischungen verbessern das Backergebnis und können auf Vorrat hergestellt werden. Mischen Sie alle Mehle gut in einer Schüssel und bewahren Sie es entweder in einem großen Einmachglas oder in einer gut verschließbaren Dose auf.

Verwenden Sie für eine 500 g Mischung (Mehl und Hilfsmittel wie Bindemittel) rund 500 ml Flüssigkeit (das variiert durch die unterschiedliche Flüssigkeitsaufnahme der jeweiligen Mehlsorten). Bei der Teigherstellung fügen Sie zur Mehlmischung lediglich Flüssigkeit, Salz und ein Triebmittel hinzu. Verfeinern können Sie Ihr Brot noch mit Gewürzen, Nüssen, Samen etc. Und schon ist Ihre eigene Backmischung im Handumdrehen fertig.

Beispiele, wie Sie die selbst hergestellten Brot-Mehlmischungen verwenden können, finden Sie in den Rezepten auf Seite 60.

Welches Mehl für welches Brot?

> **Für helle Brote eignet sich eine Mischung beispielsweise aus:** Reismehl, Kartoffelmehl, Hirsemehl, Sorghummehl, Maismehl, Süßkartoffelmehl, Mandelmehl, Kokosmehl, Lupinenmehl, Bananenmehl, Maniokmehl, Goldleinsamenmehl.

> **Für dunkle Brote eignen sich eine Mischung beispielsweise aus:** Buchweizenmehl, Braunhirsemehl, Kichererbsenmehl, Kastanienmehl, Teffmehl, Traubenkernmehl, Hanfmehl, Linsenmehl, Quinoamehl sowie diverse Nussmehle.

Selbst gemischt wissen Sie, was drinsteckt.

Mehlmischungen für helles Brot

Variante 1:
300 g Maismehl
300 g helles Reismehl
250 g Maisstärke
150 g Tapiokastärke
Bindemittel: 1½ EL Guarkernmehl
oder 1½ EL Johannisbrotkernmehl
oder 1 EL Xanthan
1 EL gemahlene Flohsamenschalen

Variante 2:
200 g Klebreismehl
200 g Maismehl
200 g Hirsevollkornmehl
100 g Amaranthvollkornmehl
200 g Maisstärke
50 g Kartoffelstärke
50 g gemahlene Mandeln
Bindemittel: 1½ EL Guarkernmehl
oder 1½ EL Johannisbrotkernmehl
oder 1 EL Xanthan
1 EL gemahlene Flohsamenschalen

Variante 3:
400 g helles Reismehl
100 g Kichererbsenmehl
100 g Hirsemehl
250 g Kartoffelstärke
150 g Tapiokastärke
Bindemittel: 1½ EL Guarkernmehl
oder 1½ EL Johannisbrotkernmehl
oder 1 EL Xanthan
1 EL gemahlene Flohsamenschalen

Variante 4:
170 g Kichererbsenmehl
150 g Maisstärke
100 g Tapiokamehl
50 g Reismehl
30 g Klebreismehl
Bindemittel: 2 TL Guarkernmehl
1 TL gemahlene Flohsamenschalen
3 EL Sonnenblumenkerne, 3 EL Sesam,
2 EL Goldleinsamen

Mehlmischungen für dunkles Brot

Variante 1:
500 g Teffmehl
250 g Buchweizenmehl
250 g Kartoffelstärke
Bindemittel: 1½ EL Guarkernmehl
oder 1½ EL Johannisbrotkernmehl
oder 1 EL Xanthan
1 EL gemahlene Flohsamenschalen

Variante 2:
150 g Buchweizenmehl
150 g Amaranthmehl
150 g Hirsemehl
100 g Teffmehl
50 g Traubenkernmehl
200 g Tapiokastärke
200 g Maisstärke
Bindemittel: 1½ EL Guarkernmehl
oder 1½ EL Johannisbrotkernmehl
oder 1 EL Xanthan
1 EL gemahlene Flohsamenschalen

Variante 3:
400 g Buchweizenmehl
350 g Reisvollkornmehl
100 g Teffmehl
100 g Tapiokastärke
50 g Traubenkernmehl
Bindemittel: 1½ EL Guarkernmehl
oder 1½ EL Johannisbrotkernmehl
oder 1 EL Xanthan
1 EL gemahlene Flohsamenschalen

TIPP Rösten Sie Mehl, Nüsse oder Samen in einer Pfanne oder auf einem Backblech im Ofen etwas an, bevor Sie diese zum Teig geben – das verleiht Ihrem Brot ein intensiveres Aroma.

Was Sie noch beachten sollten

> Die Zutaten sollten immer frisch und qualitativ hochwertig sein, denn dies sind die wichtigsten Faktoren für den Erfolg des Brotbackens.
> Halten Sie die Mengenangaben der Rezepte möglichst genau ein. Sie können mit etwas Erfahrung die Mehlsorten austauschen und Ihren Favorit verwenden.
> Jedes der drei genannten Bindemittel eignet sich zum Brotbacken, verwenden Sie einfach, was Sie zu Hause haben oder im Supermarkt Ihres Vertrauens erhalten.
> Flohsamenschalen haben eine gute Quelleigenschaft und verbessern sowohl die Schnittfähigkeit als auch die Haltbarkeit des Brotes. Das Weglassen oder Austauschen beeinflusst die Brotstruktur.
> Alle verwendeten Zutaten sollten Zimmertemperatur (ca. 18–23 °C) haben. Wenn Sie jedoch mit dem „Timer" arbeiten, können Sie die Zutaten direkt aus dem Kühlschrank in den Backautomaten geben, denn bis Backbeginn nehmen die Zutaten Zimmertemperatur an. Bedenken Sie jedoch, dass leicht verderbliche Zutaten wie Eier, Milch oder Käse erst kurz vor Beginn des Backvorgangs zugegeben werden können.
> Achten Sie bei den Zutaten auch auf das Mindesthaltbarkeitsdatum, abgelaufene Zutaten erzielen nicht das gewünschte Ergebnis.

Fertig gekaufte Mehlmischungen /Backmischungen

Zahlreiche Hersteller bieten fertig gemischte **glutenfreie Mehlmischungen** zum Kauf an. Hier sind bereits mehrere glutenfreie Mehle mit Hilfszutaten wie Verdickungs- oder Bindemittel vermischt. Sie sind einfach in der Handhabung und zeitsparend anwendbar, da Sie die einzelnen Mehle nicht mehr abwiegen müssen. Es gibt die verschiedensten Mehlmischungen, die auf ganz bestimmte Backvorhaben ausgerichtet sind. Beispielsweise: Mehlmischungen für dunkles oder helles Brot, Rustikaler Mehlmix sowie auch Mehlmischungen für Kuchen etc.

Zu unterscheiden sind glutenfreie Mehlmischungen von **glutenfreien Backmischungen**. Eine glutenfreie Backmischung enthält bereits die meisten Zutaten, so brauchen Sie nur noch Wasser und evtl. Hefe beimengen. Das Rezept bzw. die Anleitung erhalten Sie mit der Backmischung und führt Sie sicher und schnell durch den ganzen Zubereitungsprozess.

Die Kreativität, Individualität, Verträglichkeitsauswahl und Geschmacksvorliebe sind hierbei mehr eingeschränkt als bei einer selbstgemachten oder gekauften Mehlmischung. Doch durch Abwandlung der Backmischungen ist es auch möglich, diese Mischungen aufzupeppen, indem Sie statt Wasser beispielsweise Tomatensaft oder Buttermilch verwenden oder Nüsse, Samen, Körner, Gewürze oder Kräuter zugeben. Falls es mal schnell und einfach gehen soll, greifen Sie zu gekauften Mehl- oder Backmischungen: So ersparen Sie sich bei gleichbleibender Qualität das genaue Abwiegen der einzelnen Zutaten.

Easy Bread Brotbackkapselautomat

Statt „nur" einer fertigen Backmischung, bietet der Hersteller easybread den Automaten (eine Brotkapselmaschine) gleich mit an. Das System des Kapselautomaten ähnelt den von Kaffeeautomaten: Wassertank füllen, Kapsel rein, Start-Taste drücken und in rund 2 Stunden erhalten Sie ein fertiges glutenfreies 600-Gramm-Brot. Die Handhabung ist kinderleicht und für alle, die sich nicht mit Programmen und Rezepten eines Brotbackautomaten auseinandersetzen wollen, eine einfache Sache. Die Auswahl an glutenfreien Kapsel-Brotmischungen ist begrenzt und mir persönlich fehlt die vielseitige Anwendungsmöglichkeit, die ein Brotbackautomat bietet.

Der Preis des glutenfreien Reisbrotes liegt bei rund 5 Euro, der Kapselautomat bei 139 Euro und ist derzeit in Deutschland nur im Internet bestellbar: www.easy-bread-direct.com

Milch zählt beim Backen zu den Flüssigkeiten.

Flüssigkeiten

Flüssigkeitsangaben können immer nur ungefähre Werte sein, da die Flüssigkeitsaufnahme je nach Mehlsorte, Getreidequalität, Mahlgrad (sehr fein bis grob) und Quelldauer variiert. Hauptsächlich werden Wasser und Milch verwendet, jedoch eignen sich auch Frucht- und Gemüsesäfte, Buttermilch, Joghurt oder Wein. Besonders kohlensäurehaltiges Mineralwasser eignet sich beim Backen mit glutenfreien Mehlen sehr gut. Beim Kuchenbacken kann das Backpulver ganz wegfallen, wenn Sprudelwasser in den Teig gerührt wird. Die Kohlensäure setzt einen Gärprozess in Gang, der den Teig aufgehen lässt und die Krume lockerer und luftiger macht.

Wie bei allen anderen Zutaten, die man in den Brotbackautomaten gibt, müssen vor allem auch die Flüssigkeiten Zimmertemperatur haben. Erwärmen Sie die Flüssigkeit bei Broten mit Hefe immer handwarm bzw. lauwarm, da die Hefe bei ca. 35 °C am besten arbeitet.

Milch

Milchhaltige Gebäcke haben im Vergleich zu wasserhaltigen Gebäcken ein größeres Volumen und aufgrund des Milchzuckers eine kräftiger gebräunte Kruste. Die Krume ist wattig-zart und feinporiger, die Gebäcke schmecken deutlich besser und bleiben länger frisch. Welche Milchsorte, ob Kuh-, Ziegen- oder Schafsmilch, Sie für Ihr Brot verwenden hat keine backtechnischen Vor- oder Nachteile. Wählen Sie also einfach nach Ihrem persönlichen Geschmack und Ihren Vorlieben aus.

Milchprodukte

Zu den Milchprodukten zählen unter anderem Sauermilch, Joghurt, Kefir, Sahne, Buttermilch und Käse. All diese können Sie zum Verfeinern Ihres Brotes verwenden.

Käse enthält in unverarbeitetem Zustand kein Gluten (z. B. Frischkäse). Eine Konservierung, wie das Pasteurisieren bei Milch, das Tiefkühlen oder Trocknen verändert den Glutengehalt nicht. Folgende Käsesorten können Sie bei einer Glutenunverträglichkeit essen: Gouda, Emmentaler, Edamer, Tilsiter, Mozzarella in Salzlake, Feta, Schafs- und Ziegenkäse sowie Parmesan. Bei anderen Käsesorten oder verarbeiteten Käseprodukten, achten Sie auf die Kennzeichnung und Inhaltsangabe der Verpackung, ob das Produkt Gluten enthält oder nicht.

Zöliakie/ Glutenunverträglichkeit und Laktoseintoleranz

Die Entzündung des Dünndarms bei Zöliakie kann eine Ursache für die so genannte *sekundäre Laktoseintoleranz* sein. Der Körper kann den Milchzucker (Laktose) nicht mehr ausreichend verdauen, da das Enzym Laktase die Laktose nicht mehr ausreichend aufspalten kann. So müssen Betroffene auf alle Produkte, die Milchzucker (Laktose) enthalten, verzichten.

Mittlerweile ist aber die Auswahl an laktosefreien Produkten schon sehr groß und für Menschen mit Laktoseintoleranz geeignet: Bei diesen Produkten wurde die Laktose bereits in ihre Bestandteile Galaktose und Glukose gespalten.

Fett

Brot erhält durch Fett einen höheren Genusswert, eine längere Frischhaltung und einen höheren Nährwert. Außerdem verbessert Fett die backtechnischen Eigenschaften: Es macht den Teig weicher und verbessert das Brotvolumen sowie die Krumenbeschaffenheit. Butter ist als Teigzutat ebenso gut geeignet wie Backmargarine oder Speiseöle. Fette gibt es flüssig (Öle), weich (Margarine) oder fest (Rindertalg). Die Fette unterscheiden sich im Geschmack, doch auf das Backergebnis im Brotbackautomaten hat es keinen Einfluss, ob Sie Butter, Margarine oder Speiseöl verwenden. Sie können durchaus Butter durch Speiseöle oder Margarine ersetzen oder umgekehrt.

Butter ist eine Wasser-in-Milchfett-Emulsion. Sie enthält neben dem Milchfett (82 %) vor allem Wasser (16 %), Milchzucker und Milcheiweiß.

Margarine ist eine Wasser-in-Öl-Emulsion und die Zusammensetzung ähnelt der von Butter (80 % Fett, 20 % Wasser), so wird sie auch häufig als „Butterersatz" verwendet. Margarine ist schon lange nicht mehr rein pflanzlicher Herkunft: Oft besteht sie lediglich zu 60 % aus Wasser und den Rest machen Molke, tierische Fette (wie Rindertalg oder Schweineschmalz) aus.

Pflanzliche Speiseöle sind reich an ungesättigten Fettsäuren. Zu den bekanntesten zählen hier zum Beispiel Distel-, Erdnuss-, Oliven-, Raps-, Sesam-, Sonnenblumen- und Walnussöl. Diese Öle zeichnen sich durch einen feinen würzigen Geschmack aus. Der Vorteil von Speiseölen ist, dass Sie diese direkt mit der Flüssigkeit in den Teig geben können.

Eier

Keine andere Backzutat hat so vielseitige Wirkungen wie Eier. Sie verbessern nicht nur die Beschaffenheit von Teigen und deren Genusswert, sondern sorgen für eine bessere Bindung der Zutaten und vergrößern das Volumen. Zudem machen sie die Krume feinporiger, dienen zur Krustenbräunung und verbessern die Frischhaltung von Gebäcken. Ein Ei besteht zu 64 % aus Eiklar und zu 36 % aus Eidotter. Das Eiweiß gibt dem Teig noch mehr Festigkeit. Wenn Sie Eischnee aufschlagen und diesen zum Schluss unter den Kuchenteig heben, bleiben die Luftbläschen erhalten und vergrößern sich beim Backen, sodass eine lockere Krume entsteht.

Woher Ihr Ei kommt, welches Gewicht und welche Güteklasse es hat, können Sie anhand des Stempels auf dem Ei oder an der Verpackung erkennen. Eier werden in der Europäischen Union in den vier Gewichtsklassen S (unter 53 g), M (53 g bis unter 63 g), L (63 g bis unter 73 g) und XL (73 g und mehr) angeboten. Wenn Sie in einem Rezept nur „Eier" stehen haben, sind überwiegend Eier der Gewichtsklasse „M" gemeint. Seit 01.01.2004 muss auf allen Eierverpackungen die Haltungsform angegeben sein: „Eier aus Freilandhaltung", „Eier aus Bodenhaltung" oder „Eier aus Käfighaltung".

Außerdem müssen die Eier mit einem Code versehen sein, der Ihnen Aufschluss über die Art der Hühnerhaltung, über das Herkunftsland des Eies und über den Betrieb, von dem das Ei stammt, gibt.

Beispiel

Der Eier-Code 0 – DE – 12 – 34567 bedeutet folgendes:
Die Ziffer der ersten Stelle gibt die Art der Hühnerhaltung an:
0 = Bio-Freiland-Haltung,
1 = Freilandhaltung, 2 = Bodenhaltung und
3 = Käfig- haltung;
Die Ziffer an zweiter Stelle steht für das Herkunftsland (DE = Deutschland), die dritte Stelle das Bundesland (12 = Brandenburg) und die vierte Stelle der Betrieb und Stall.
So wäre dieses Ei aus Bio-Freiland-Haltung, aus einem Betrieb in Brandenburg (Deutschland).
Eine persönliche BITTE: Verwenden Sie nur Eier aus Bio- oder Freilandhaltung (Ziffer 0 und 1) und keinesfalls solche aus Käfighaltung (Ziffer 3)!

Haltbarkeit

Ob ein Ei noch haltbar ist, können Sie mit folgenden Tests überprüfen:
Aufschlag-Test: Schlagen Sie das Ei auf und wenn das Eigelb hochgewölbt und das Eiweiß dickflüssig ist, halten Sie ein frisches Ei in der Hand. Wenn das Eigelb und das Eiweiß verlaufen, ist es zwar nicht mehr ganz frisch, aber noch essbar. Garen Sie es aber zur Sicherheit durch. Und wenn das Ei schlecht riecht, werfen Sie es bitte weg.
Wasser-Test: Legen Sie das Ei mit Schale in ein Glas mit kaltem Wasser. Wenn das Ei am Boden liegen bleibt, ist es frisch. Stellt es sich leicht schräg, ist es älter aber noch genießbar. Schwimmt es aber an die Oberfläche, lassen Sie besser die Finger davon.

Zucker

Es gibt verschiedene Möglichkeiten, sich das Leben – in welcher Form auch immer – zu versüßen. Zucker dient im Brotteig nicht nur für den süßen Geschmack, sondern hat auch backtechnologische Vorteile. Er ist eine wichtige Nährstoffquelle für die Hefebakterien und somit verantwortlich, dass der Brotteig schön aufgeht. Außerdem verstärkt er die Krustenbräunung. Für das Brotbacken verwendet man meist **weißen Zucker**.

Brauner Zucker ist braun, weil er nicht so stark raffiniert wurde wie weißer. Beliebt ist dieser vor allem aufgrund seines malzigen Geschmacks.

Vollrohrzucker ist der pure, getrocknete Saft des Zuckerrohrs und enthält noch dessen ganze Vitamine, Mineralstoffe und Spurenelemente. Er hat eine goldbraune Farbe und schmeckt leicht nach Karamell.

Sie können Zucker nach Belieben und Verträglichkeit auch durch Muscovado, Honig, Ahornsirup, Reissirup, Fruchtzucker, Traubenzucker, Zuckerrübensirup oder Zuckeraustauschstoffe ersetzen. Beachten Sie hierbei jedoch die unterschiedliche Süßkraft der einzelnen Produkte und lesen Sie die Herstellerangaben.

Honig oder Zucker, verwenden Sie, was Ihnen schmeckt und verträglich ist.

Trockenobst, Schalenobst, Körner & Samen

Einige der nachfolgenden Rezepte beinhalten die Zugabe von Trockenobst, Schalenobst, Körnern, Ölsamen oder auch Kräutern. Damit diese Zutaten nicht durch den Rühreinsatz des Brotbackautomaten zerschlagen werden und sich dennoch gleichmäßig im Teig verteilen können, werden sie erst beim letzten Knetgang dem Teig zugefügt. Der Knetvorgang wird dafür für einen Moment unterbrochen – lesen Sie hierfür die Gebrauchsanweisung Ihres Brotbackautomaten. Abhängig von der Brotgröße, sollten Sie nicht mehr als 50 bis 100 g der jeweiligen Zutat hinzugeben, da der Brotteig sonst seine Stabilität und Form verliert.

Trockenobst ist das ganze Jahr verfügbar und lange lagerfähig. Geschmacklich sind sie jedoch weniger aromatisch wie das frische Obst selbst. Beim Trockenobst unterscheidet man Dörrobst und Trockenfrüchte.

Zum **Dörrobst** zählen beispielsweise Äpfel, Aprikosen und Zwetschgen. Diese Früchte sollten Sie einen Tag vor Verarbeitung in kühlem bis lauwarmem Wasser quellen lassen, damit sie Wasser aufnehmen und nicht dem Teig die Flüssigkeit entziehen.

Zu den **Trockenfrüchten** zählen beispielsweise Rosinen, Datteln und Feigen. Diese Früchte können auch ohne Einweichen direkt weiterverarbeitet werden, waschen Sie sie jedoch vor der Verarbeitung mit kaltem Wasser ab, um evtl. Schwefel oder sonstige Verunreinigungen abzuspülen. Größere Früchte zerkleinern Sie am besten, damit sie sich gleichmäßig im Teig verteilen und das gebackene Brot lässt sich später auch leichter schneiden.

Unter **Schalenobst** versteht man Früchte, deren Kern von einer harten, ungenießbaren Schale umschlossen ist. Dazu zählen unter anderem Nüsse wie Wal-, Hasel- und Erdnüsse, Mandeln, Maronen oder Pistazien. Die Fruchtkerne von Schalenobst werden im Handel im Ganzen oder halbiert, gehobelt, gestiftet, gehackt, gerieben oder gemahlen verkauft. Da man sie gewöhnlich ohne Schale kauft, sind sie auch nicht so lange haltbar, besonders wenn man die Verpackung bereits geöffnet hat. Lagern Sie sie deshalb kühl und trocken an einem dunklen und geruchsarmen Ort.

Getreidekörner können Sie als ganzes Korn verwenden, jedoch sollten Sie diese – wie Trockenfrüchte – einen Tag vor der Verarbeitung in lauwarmem Wasser quellen lassen.

Weitere schmackhafte Backzutaten sind **Ölsamen** wie Leinsamen, Sonnenblumenkerne oder Sesam. Die Brote bekommen durch den zusätzlichen Fettgehalt der Ölsamen einen höheren Nährwert, die backtechnischen Eigenschaften ändern sich jedoch nicht. Wegen ihres hohen Fettgehalts sind Ölsamen ebenso wie Nüsse nur begrenzt haltbar.

Rosinen sind sehr zuckerreiche, getrocknete Weintrauben. Die Trocknung erfolgt überwiegend am Weinstock. Für Backwaren werden meist die Sultaninen verwendet, diese sind grundsätzlich kernlos, aromatisch und sehr süß. Waschen Sie die Rosinen vor der Verarbeitung mit kaltem Wasser ab und lassen Sie sie anschließend gründlich abtropfen.

Sesam sind ungeschälte oder geschälte Körner des Sesamkrautes. Sesam können Sie für einen intensiveren Geschmack vor der Verarbeitung in einer Pfanne ohne Fett kurz anrösten.

Sonnenblumenkerne können Sie wie Sesamsamen entweder ungeröstet oder geröstet zum Teig geben.
Bei **Leinsamen** ist die Verarbeitung anders. Aufgrund ihres enormen Quellvermögens, empfehle ich Ihnen diese mit etwa der doppelten Gewichtsmenge Wasser einzuweichen. Wenn Sie heißes Wasser (100°C) verwenden, reicht eine Quellzeit von 2–4 Stunden. Bei kaltem Wasser lassen Sie die Samen über Nacht stehen. Je nach verwendeter Leinsamenmenge und Brotgröße, müssen Sie dann das aufgenommene Wasser vom Grundrezept abziehen. Um den Geschmack nach Leinsamen noch mehr zu betonen, können Sie etwa ¼ des Leinsamens in geschroteter Form hinzugeben.

Mit Gewürzen verleihen Sie Ihrem Brot eine persönliche Note.

Gewürze

Beliebte Brotgewürze sind beispielsweise Koriander, Kümmel, Anis und Fenchel. Diese gibt es bereits vermischt und abgepackt als „Brotgewürz" im Handel zu kaufen. Reine Gewürze und Kräuter sind glutenfrei. Gewürzmischungen können Gluten enthalten, da es häufig als Bindemittel oder Trägerstoff eingesetzt wird.
Ich empfehle Ihnen für eine bessere Qualität, Gewürze einzeln und unzerkleinert zu kaufen, denn frisch zerkleinert, gemahlen oder zerdrückt setzen die Samen und Körner ihre ätherischen Öle frei und entfalten erst so ihr volles Aroma. Zum Zerkleinern der Gewürze eignen sich kleine Gewürzmühlen oder Porzellanmörser, die Sie im Fachhandel erhalten.
Gewürze sollten Sie in dunklen und luftdicht geschlossenen Behältern aufbewahren, da sich die Geruchs- und Geschmacksstoffe sonst verflüchtigen. Kaufen Sie Gewürze deshalb auch nur in kleinen Mengen, da das Aroma bei längerer Lagerung verfliegt. Als Maß können Sie ca. 1 Teelöffel Gewürze auf 500 g Mehl verwenden, wobei hier eigentlich nicht Teelöffel, Gramm oder Messerspitze stehen sollte, sondern vertrauen Sie Ihrem Geschmack, Ihrer Fantasie, Ihrer Erfahrung und Ihrem Gespür.

Superfood

In den USA ist Superfood bereits in aller Munde und nicht mehr wegzudenken. In Deutschland erleben diese hoch angepriesenen Lebensmittel gerade den Durchbruch und feiern Einzug in unsere Bioläden. Aus diesem Grund möchte ich Ihnen hier einen kleinen Einblick in die Welt der „Superfoods" geben, welche Sie beim Brotbacken verwenden können und somit schmackhaftes „Superbrot" backen können.

Der Begriff „Superfood" ist nicht klar definiert: Man versteht darunter Lebensmittel, die vorteilhaft für die Gesundheit sind und einen besonders hohen Gehalt an Nährstoffen besitzen. Sie kommen nicht aus dem Labor oder von hoch gezüchteten Pflanzen, sondern sind altbewährte Naturprodukte. Ich persönlich kann mich dieser Definition von "Superfoods" mit gutem Gewissen anschließen: Nährstoffreiche, ressourcenschonend hergestellte Lebensmittel, mit denen man seinen Speiseplan sinnvoll bereichern kann – die aber bestimmt keine Allheilmittel sind. Denn um eine ausgewogene Nährstoffaufnahme sicherzustellen, müssen wir uns vielfältiger ernähren, anstatt uns lediglich auf eine Handvoll Superfoods zu konzentrieren. Greifen Sie zu heimischem Superfood anstatt exotischem, diese sind nicht nur billiger, sondern schonen auch die Umwelt.

Das beste Superfood kann am Ende immer noch ein einfacher Apfel sein, den man vom Baum pflückt … oder eben ein gutes Stück Brot, von dem ich weiß, was drin ist, weil ich es selbst gebacken habe.

Rohkakao soll einen sehr hohen Gehalt an Antioxidantien, Magnesium und außerdem sehr viel Eisen sowie Vitamin C besitzen. Schokolade macht glücklich: Rohkakao weist tatsächlich hohe Werte von den sogenannten „Liebes- und Glücksmolekülen" PEA (β- Phenylethylamin) und Anandamid auf. Kakao eignet sich zudem hervorragend zum Backen – zum Beispiel für verführerische Schokobrötchen.

„Grüne" Superfoods wie Sprossen von Sonnenblumen, Bockshornklee, Kresse und Linsen können ganz einfach das ganze Jahr hindurch Zuhause gezogen werden.

Grüne Säfte wie beispielsweise Weizengrassaft sind wahre Nährstoff- und Chlorophyll-Bomben.

Mikroalgen wie Chlorella, Spirulina und AFA-Algen (Grüne Spanalge) enthalten sehr viel Chlorophyll. Sie eignen sich nicht nur für die Ausleitung von Giftstoffen, sondern sind auch hervorragende Proteinquellen und eine wertvolle Nahrung fürs Gehirn.

Superkräuter wie Brennnessel, Petersilie und Kamille sind bekannt für ihre vielseitigen Heilwirkungen und hohen Gehalt an Mineralstoffen und Vitaminen. Das Wurzelgemüse Maca steigert die Kraft, Ausdauer und Konzentration. Zudem soll es den Hormonhaushalt regulieren, Menstruations- und Wechseljahresbeschwerden lindern und bei Depressionen helfen. Im Hinblick auf die Nährstoffe überrascht Maca mit einem sehr hohen Gehalt an B-Vitaminen, Vitamin C und E, Kalzium, Eisen, Magnesium, Zink, Jod sowie vielen essentiellen Fett- und Aminosäuren.

Exotische Superfoods wie Goji-Beeren, Chiasamen oder Acai-Beeren zeichnen sich zwar auch durch einen hohen Nährstoffgehalt aus, doch haben diese einen langen Transportweg hinter sich, bis sie bei uns auf dem Teller liegen.
Wer sich den Superfoods mit einer gesunden Portion Skepsis nähert und ein wenig Eigenrecherche betreibt, kann das blumige Marketingversprechen, die sie oftmals umgibt, auf das Wesentliche reduzieren und dann selbst entscheiden, was davon er sich leisten möchte und was nicht.
Man sagt immer „Das Auge isst mit". Ich denke, das gilt auch für die Psyche. Wenn man sich hin und wieder etwas gönnt, was als Superfood angepriesen wird, fühlt man sich vielleicht auch besser, selbst wenn es nur ein positiver Placebo-Effekt ist.

Superfoods wie Petersilie haben einen hohen Gehalt an Vitaminen und Mineralstoffen.

Tauschbörse

Praktische Tipps wie und welche Zutaten Sie ersetzen können

Pauschal kann es keine Angaben zu einem Ersatz geben, da je nach Rezept die Zutat eine bestimmte Eigenschaft erfüllt. Aber es gibt immer eine Austauschmöglichkeit und Alternative, um eine bessere Backeigenschaft zu erzielen.

Eier ersetzen:

Ersetzt jeweils 1 Ei
> 1 EL gemahlene Leinsamen oder 1 EL gemahlene Chiasamen mit 3 EL Mineralwasser vermischt
> 1 EL Sojamehl mit 2 EL Mineralwasser vermischt
> 2 EL Maisstärke mit 3 EL Mineralwasser vermischt
> 3 EL Pfleilwurzelstärke mit 1 EL Mineralwasser vermischt
> 3 EL Apfelmus oder eine halbe Banane zerdrückt
> Ei-Ersatzpulver gibt es zu kaufen. Das fertige Bindemittel besteht hauptsächlich aus Maisstärke und Lupinenmehl und wird mit Wasser gemischt, hierbei die Herstellerangaben berücksichtigen.

Milch ersetzen:

Milch lässt sich mittlerweile problemlos bei Laktoseintoleranz oder veganer Ernährungsweise ersetzen.
> Laktosefreie Milch und Milchprodukte (nicht vegan)
> Pflanzliche Alternativen wie Sojadrink, Reisdrink, Mandeldrink, Kokosdrink, andere Getreide- und Nussdrinkvarianten, Sojajoghurt oder Sojaquark

Butter ersetzen:
> Quark oder Frischkäse
> Joghurt und Grieß
> Kokosfett oder Speiseöl
> Margarine

Zucker ersetzen:
> Honig, Ahornsirup oder Dicksäfte
> Reissirup oder Kokosblütenzucker
> Stevia, Xylit oder Traubenzucker
> Trockenfrüchte wie Datteln oder Rosinen als natürliches Süßungsmittel

Nüsse ersetzen:
> Mandeln oder andere Nussarten, Erdmandeln (Tigernuss)
> Aprikosenkerne
> Kokosraspeln
> Geröstete Kürbiskerne, Sonnenblumenkerne, Sesam, Quinoa oder Amaranth
> Glutenfreie Haferflocken in Butter geröstet

Rosinen ersetzen:
> Getrocknete Cranberries oder Kirschen
> Klein geschnittene Aprikosen, Pflaumen, Datteln, Feigen

Hefe ersetzen:
> Backpulver, Natron oder Weinsteinbackpulver
> Backferment
> Sauerteig

Haltbarkeit und Lagerung von glutenfreiem Brot

Glutenfreies Brot altert besonders schnell, da es rasch Wasser verliert und somit trocken wird. Bei der Brotalterung spielt jedoch nicht nur die Wasserverdunstung eine Rolle, sondern vielmehr verschiedene biochemische und physikalische Vorgänge. Altbackenes Brot zeichnet sich zuerst durch eine weiche Kruste aus und wird mit der Zeit härter. Außerdem nehmen Brotgeruch und Geschmack ab.

Verlängerung der Haltbarkeit

Dem schnellen Altern von Brot können Sie bereits bei der Teigbereitung vorbeugen. So hat die Wahl der Mehlsorten und des Mahlgrades einen wesentlichen Einfluss auf die Haltbarkeit des Brotes (siehe oben). Dunklere Mehle, Schrote, Kochstücke oder Brühstücke verbessern die Verquellungsfähigkeit im Teig. Damit sorgen sie für bessere Stärkeverkleisterung und bewirken gleichzeitig eine längere Frischhaltung. Sie können auch durch Zusätze wie Essig, Sauermilch, Fette, Ölsamen, Ballaststoffe, Flohsamenschalen, Bindemittel, Zucchini, Karotten, Brühstücke oder Restbrot die Stärkeverkleisterung verbessern. Denn gut verkleisterte Stärke hält die Brotkrume länger feucht.
Die Zugabe von Restbrot, also übrig gebliebenem Brot, zu Ihrem Teig verbessert nicht nur die Haltbarkeit, sondern gibt dem Brot zusätzlich einen intensiveren Geschmack. Zugeben sollten Sie aber nur einwandfreies, getrocknetes, glutenfreies Restbrot (Sorte egal): Mahlen Sie es zuerst mit einer Mühle oder mit einem Rollholz und lassen Sie es dann für 2–5 Stunden in warmem Wasser einweichen. Bis zu 5 % der Gesamtmehlmenge kann aus Restbrot bestehen.

Die richtige Lagerung von Brot

Die Art und Weise, wie Sie Ihr (und auch das gekaufte) Brot lagern, hat ebenfalls einen Einfluss auf seine Haltbarkeit. Brot sollte an einem kühlen und sauberen Ort aufbewahrt werden. Da es schnell fremde Gerüche annimmt, lagern Sie es gesondert. Hierzu haben sich Brotbehälter aus Keramik oder Holz sowie Leinen- und Papiertaschen bewährt. Achten Sie darauf, dass das Brot noch „atmen" kann und Sie es nicht von der Luftzirkulation abschließen. So sind Plastiktüten und -gefäße nicht für die Brotlagerung geeignet.
Schneiden Sie vom Brot nur so viele Scheiben ab, wie Sie essen können: Angeschnittenes Brot verdirbt und schimmelt schneller, da Luft und Schimmelkeime leichter zwischen die

> Die Haltbarkeit ist die Zeitspanne, in der die Backware bei angemessenen Aufbewahrungsbedingungen ihre spezifischen Eigenschaften behält. Sie lässt sich durch die Rezeptur des Brotteigs und durch optimale Lagerbedingungen verlängern.

Brot in Leinen oder Brotkästen hält sich länger frisch.

regelmäßig mit Essig – völlig lebensmittelfreundlich und ganz ohne Haushaltschemie.

Einfrieren

Da glutenfreies Brot schnell austrocknet, frieren Sie es ein und bewahren Sie es über einen längeren Zeitraum auf. Tiefgefrorenes Brot können Sie ein bis drei Monate lang aufbewahren. Vor dem Einfrieren sollten Sie das Brot gut auskühlen lassen. Sie können das Brot zur besseren Portionierung auch in Scheiben geschnitten in Gefrierbeuteln einfrieren. Damit die Brotscheiben nicht aneinanderkleben, legen Sie Frischhaltefolie zwischen die Scheiben. Eingefrorene ganze Brotlaibe lassen sich schlecht auftauen und anschließend in Scheiben schneiden (sie krümeln sehr). Lassen Sie die Brotscheiben bei Zimmertemperatur auftauen und backen Sie sie anschließend im vorgeheizten Backofen für 10–15 Minuten bei 200°C – so werden sie außen knusprig und bleiben innen feucht. Alternativ können Sie auch die gefrorenen Brotscheiben direkt im Toaster auftauen – so geht kein Wasser aus dem Brot verloren und Sie erhalten eine saftige Brotscheibe, die nicht krümelt. Einfache Hefeteige und Brötchen lassen sich auch ungebacken einfrieren, wenn sie vorher etwas angegangen sind. Lassen Sie sie nach dem Auftauen erneut aufgehen und anschließend wie gewohnt weiterverarbeiten. Vermeiden Sie jedoch zweimaliges Einfrieren.

Tipp: Altes, hartes, trockenes, einwandfreies Brot können Sie nicht nur als Zusatz für den nächsten Brotteig, sondern auch für Suppen, Aufläufe oder Knödel und als angeröstete Brotwürfel (Croutons) für Salate, als Paniermehl oder zum Füttern von Tieren verwenden.

Brotscheiben gelangen können. Angeschnittenes Brot stellen Sie am besten auf die Schnittfläche, um das Austrocknen zu verhindern. Falls Sie Ihr Brot nicht innerhalb weniger Tage verbrauchen, schneiden Sie es nach dem Auskühlen in Scheiben und frieren Sie es portionsweise ein. So haben Sie auch immer leckeres selbstgemachtes Brot auf Vorrat.

Brotschimmel ist – anders als bei einigen Käsespezialitäten – ungenießbar. Wenn Sie auf dem Brot weiße, gelbe, blaue oder grüne Schimmelrasen sehen, ist das Brot verdorben. Schimmelpilze wachsen in schlauchförmigen Pilzfäden in das Brot hinein. Sie verzweigen sich dort und bilden ein für das bloße Auge unsichtbares Pilzgeflecht (Myzel). Daher ist es ratsam das ganze Brot wegzuwerfen. Um Schimmelbildung vorzubeugen, reinigen Sie Ihren Brotbehälter

TIPP Backen Sie nur so viel Brot, wie Sie in kurzer Zeit essen können, denn frisch schmeckt es am besten. Gerade durch die einfache Herstellung im Brotbackautomaten, können Sie schnell und einfach frisches Brot zubereiten.

Tipps & Tricks für gutes Gelingen

> Mit ein paar Tipps und Tricks gelingt auch Ihr erstes Brot im Backautomaten auf Anhieb.

> Es gibt viele Ursachen, warum ein Brot manchmal nicht so gelungen ist, wie Sie es sich vorgestellt haben. Seien Sie geduldig bei der Fehlersuche und lassen Sie sich nicht entmutigen – es ist noch kein Meister vom Himmel gefallen.

> Durch Kenntnisse über Ihren Brotbackautomaten, die Zutaten und durch praktische Übung wird Ihre Handhabung immer besser und Ihre glutenfreien Brote immer schmackhafter.

> Ihr Anspruch sollte nicht sein, das schönste Brot der Welt zu backen. Auch wenn es etwas eingefallen ist, das ist ein Charakter, den selbstgebackenes Brot ausmacht und kann dennoch herrlich im Geschmack sein.

> Brot oder Gebäck muss nicht perfekt aussehen, es muss Ihnen schmecken!

Tipps & Tricks

Bei der Zubereitung

> Wenn Sie zum ersten Mal mit einem Brotbackautomaten backen, verwenden Sie ein Rezept aus Ihrer Gebrauchsanweisung oder eine Backmischung aus dem Handel. So können Sie sich mit der Bedienung des Gerätes vertraut machen und sicher sein, dass Ihr Brot auch gelingt. Bei Eigenkreationen oder Rezepten wie auch hier im Buch, gelingt es nicht immer auf Anhieb, da verschiedene Brotbackautomaten kleine Abweichungen haben oder andere Faktoren wie z. B. der Mahlgrad des Mehles etc. eine Rolle spielen können.

> Alle Zutaten, die Sie in den Brotbackautomaten einfüllen, sollten Zimmertemperatur (18–22°C) haben. Bei Broten, die mit Hefe, Sauerteig oder Backferment hergestellt werden, sollte außerdem die Flüssigkeit etwas angewärmt werden, damit eine Teigtemperatur von +/– 25°C erreicht wird.

> Mischen Sie die trockenen Zutaten gut, bevor Sie sie in den Brotbackautomaten geben. Mit dieser „Vormischung" gehen Sie sicher, dass sich bei kurzen Programmen alles gut vermischt hat.

> Überprüfen Sie die Teigkonsistenz nach dem ersten Kneten. Der Teig sollte im Normalfall klebrig und weich, aber nicht zu flüssig sein. Falls der Teig noch zu feucht ist, geben Sie esslöffelweise noch etwas Mehl hinzu. Ist der Teig zu trocken, fügen Sie esslöffelweise noch etwas Flüssigkeit hinzu.

> Nehmen Sie nach dem ersten Knetvorgang einen Teigschaber und kratzen Sie das Restmehl in den Ecken der Backform zusammen. So hat Ihr Brot am Schluss keine Mehlränder und Sie sorgen dafür, dass alles gut verrührt wurde.

> Nehmen Sie den Knethaken nach dem letzten Knetgang heraus (am besten die Hände dabei etwas einmehlen), so erhält Ihr Brot kein Loch.

Geschmack von Broten aus dem Brotbackautomaten

Brote aus dem Brotbackautomaten schmecken immer etwas anders als aus dem Backofen. Der Grund liegt an der unterschiedlichen Feuchtigkeit. Im Backofen wird das Brot wesentlich trockener ausgebacken, im Brotback-automaten ist das Brot feuchter, was gerade bei den glutenfreien Broten aber ein Vorteil ist.

Lassen Sie das fertige Brot auf einem Gitter abkühlen.

Nach dem Backen

> Sollten Sie den Knethaken nicht nach dem letzten Knetgang entfernt haben, drehen Sie den Brotbehälter um und drehen Sie ein paar Mal an der Antriebswelle, so fällt der Knethaken leichter heraus.

> Sollte Ihr Brot zu hell sein, können Sie es mit dem Programm „Backen" sofort nachbacken. Wenn Sie die Oberfläche generell etwas dunkler haben möchten, bestreichen Sie die Teigoberfläche nach dem letzten Kneten mit einer Mischung aus 1 Eigelb mit Sahne, Butter, Margarine oder Milch. Sie können auch Leinsaat oder Sonnenblumenkerne auf die Teigoberfläche streuen, das lenkt von der fehlenden Kruste ab.

> Nehmen Sie das Brot nach dem Backen aus der Form und lassen Sie es auf einem Gitter ganz auskühlen, be-vor Sie es anschneiden.

> Lassen Sie den Deckel des Brotback-automaten nicht zu lange geöffnet, dadurch leiert das Scharnier aus und der Deckel lässt sich nicht mehr richtig schließen.

> Um ein zufriedenstellendes Ergebnis zu erhalten, empfehle ich Ihnen über die von Ihnen verwendeten Zutaten und Rezepte eine Notiz festzuhalten: Notieren Sie sich beispielsweise: weniger Wasser verwenden (nur 350 ml), mit Reismehl anstatt Buchweizen-mehl schmeckt es besser oder war mir persönlich zu hell gebacken. So können Sie Ihre individuellen Wünsche beim nächsten Backen berücksichtigen. Und sollte dann mal ein Rezept nicht auf Anhieb gelingen, können Sie anhand Ihrer Aufzeichnungen nachschauen, wo der Fehler liegt.

Brot-Back-Pannen oder was tun, wenn …

Was tun, wenn…

… das Brot in sich zusammenfällt

Wenn das Brot in der Mitte zusammenfällt, kann es folgende Ursachen haben:

> Sie haben den Deckel während der Aufgehphase oder beim Backen noch einmal geöffnet, um den Erfolg Ihrer Bemühungen zu begutachten (ein nur allzu verständlicher Fehler!). Leider fällt dadurch das Brot in sich zusammen. Das Gleiche gilt, wenn Sie gegen die Maschine schieben oder der Brotbackautomat im Durchzug steht. **Abhilfe: Deckel während des Backens geschlossen halten und das Gerät an einem sicheren Ort ohne Zugluft aufstellen.**

> Die Hefe- bzw. Triebmittelmenge war zu groß. Das Brot geht so zu stark auf, stößt an den Deckel und fällt dann zusammen. **Abhilfe: Reduzieren Sie die Hefe- bzw. Triebmittelmenge.**

> Die Teigtemperatur war zu hoch oder die Ruhezeit zu lange. So geht der Teig über und fällt in sich zusammen. **Abhilfe: Halten Sie die Teigtemperatur und die Ruhezeit ein.**

> Es war zu viel Flüssigkeit im Teig. Das Brot ist dann innen klitschig und fällt in sich zusammen. **Abhilfe: Reduzieren Sie die Flüssigkeitsmenge.** (Bedenken Sie bei der Flüssigkeitszufuhr, dass auch Käse, Eier, Milchprodukte oder Gemüse etwas Flüssigkeit abgeben.)

> Das Brot war länger als empfohlen in der Backform. Dabei nimmt es Feuchtigkeit auf und kann in sich zusammenfallen. **Abhilfe: Brot direkt nach dem Backen aus der Backform nehmen.**

> Sorte oder Mahlgrad waren nicht für das Rezept geeignet. **Abhilfe: Versuchen Sie eine andere Mehlsorte oder überprüfen Sie die Zusammensetzung der Mehlmischung.**

> Die Außentemperatur war zu warm oder die Luftfeuchtigkeit zu hoch. Dadurch ist der Teig vielleicht zu schnell aufgegangen. **Abhilfe: Verwenden Sie kühlere Flüssigkeit und reduzieren Sie sowohl Hefe- als auch Flüssigkeitsmenge, um diesen Prozess zu verlangsamen.**

… das Brot nicht oder nur schlecht aufgeht

Wenn das Brot nicht aufgeht, kann es folgende Ursachen haben:

> Glutenfreie Brote gehen oft nicht soviel auf wie glutenhaltige Weizenbrote, das ist normal.

> Ihr Brot geht gar nicht auf: Vielleicht haben Sie vergessen, die Hefe hinzuzugeben. **Abhilfe: Hefe zugeben.**

> Ihr Brot geht nur ein wenig auf:
1) Die Hefe war zu alt. **Abhilfe: Benutzen Sie nur haltbare Hefe oder gehen Sie auf Nummer sicher und aktivieren Sie die Hefe vorab:** Trockenhefe / Frischhefe in etwa 100 ml lauwarmem Wasser mit 1/2 TL Zucker oder Honig vermischen. Es sollten sich nach 5–10 Minuten deutliche Bläschen zeigen, dann können Sie das „Hefewasser" zu dem Teig geben (Flüssigkeitsmenge berücksichtigen und beim Teig wieder abziehen).
2) Das zugesetzte Wasser war zu warm oder zu kalt. **Abhilfe: Wassertemperatur prüfen!**
3) Die verwendete Zuckermenge war zu hoch. **Abhilfe: Reduzieren Sie die Zuckermenge.**

... das Brot zu stark aufgeht

Wenn das Brot zu stark aufgeht, kann es folgende Ursachen haben:

> Die Mehlmenge oder andere Zutaten wie Hefe oder Backpulver waren überdosiert. **Abhilfe: Überprüfen Sie die Mengenangaben.**
> Sie haben vergessen, das Salz hinzuzufügen. Da Salz die Hefetätigkeit hemmt, kommt es zu wilder Gärung. **Abhilfe: Überprüfen bzw. erhöhen Sie die Salzzugabe.**
> **Tipp**: Sollten Sie beobachten, dass der Teig zu stark aufgeht und droht, über die Backform zu quellen, drücken Sie am Automaten die Stopp-Taste und kneten den Teig mit den Händen etwas zusammen. Anschließend schalten Sie das Programm „Backen" manuell ein.

... das Brot zu trocken ist

Wenn das Brot bzw. die Krume zu trocken ist oder stark krümelt, kann es folgende Ursachen haben:

> Die Flüssigkeitsmenge war zu gering (das merken Sie mit ein bisschen Erfahrung schon beim Teigkneten bzw. Teigrühren). **Abhilfe: Erhöhen Sie die Flüssigkeitsmenge. Erhöhen sie den Anteil an feuchten Zutaten wie geraspelte Zucchini, Karotte oder Apfelmus.**
> Die Backzeit war zu lange. **Abhilfe: Verringern Sie die Backzeit.**
> Das Brot ist schon älter. Nach einer gewissen Zeit wird das Brot altbacken, weil es Wasser verliert und austrocknet. **Abhilfe: Essen Sie es schnell oder trocknen Sie es und verwenden es als Restbrot im nächsten Brotteig (siehe S. 32).**

... das Brot zu feucht ist

Wenn das Brot feucht oder knatschig ist, kann es folgende Ursachen haben:

> Das Brot ist nicht ganz durchgebacken. **Abhilfe: Überprüfen Sie, ob ein Stromausfall war, ob Sie das richtige Backprogramm verwendet haben, ob der Gerätedeckel richtig geschlossen war und ob der Knethaken richtig aufgesteckt war.**
> Das Brot war nach dem Backen zu lange im Brotbackautomaten. So entwickelt sich Kondenswasser und dieses macht das Brot feucht. **Abhilfe: Entfernen Sie das Brot direkt nach der Fertigstellung aus der Backform und lassen Sie es auf einem Kuchengitter abkühlen.**
> Die Flüssigkeitsmenge war zu hoch. **Abhilfe: Reduzieren Sie die Flüssigkeitsmenge oder die Menge feuchter Zutaten wie etwa Früchte, Apfelmus oder Joghurt.**
> Das Brot wurde unmittelbar nach dem Backen angeschnitten und ist deshalb noch sehr feucht. **Abhilfe: Lassen Sie das Brot erst auskühlen, bevor Sie es anschneiden.**

... das Brot einen strengen Geruch hat

Wenn das Brot einen strengen oder unangenehmen Geruch hat, kann es folgende Ursachen haben:

> Die Hefemenge war zu hoch. **Abhilfe: Überprüfen Sie die Hefemenge.**
> Nicht alle Zutaten waren frisch. **Abhilfe: Verwenden Sie stets nur frische Zutaten.**

... das Brot zu hart ist

Wenn das Brot sehr hart ist, kann es folgende Ursachen haben:
> Sie haben zum ersten Mal ein Brot mit Körnern oder Nüssen gebacken. Diese Brote sind vom Biss her immer etwas härter, das ist ganz normal.
> Die Hefemenge war zu gering, das Brot konnte nicht genügend aufgehen. **Abhilfe: Überprüfen Sie die Hefemenge und erhöhen Sie sie gegebenenfalls.**
> Der Sauerteig war noch nicht reif. So hatte er noch nicht genügen Kraft den Teig aufzulockern. **Abhilfe: Geben Sie etwas Hefe bei.**
> Das zugesetzte Wasser war zu warm oder zu kalt und hat die Hefetätigkeit gehemmt. **Abhilfe: Überprüfen Sie die Wassertemperatur.**

... es aus dem Lüftungsschlitz verbrannt riecht.

Mehlreste am Brotrand

Wenn es aus dem Lüftungsschlitz verbrannt riecht oder Dampf austritt, kann es folgende Ursachen haben:
> Mehl oder andere Zutaten sind auf das Heizelement gefallen oder kleben an der Außenseite der Backform. **Abhilfe: Ziehen Sie den Netzstecker und entfernen Sie die Reste.**

... das Brot nicht aus der Backform raus geht

> Sie haben schon sehr häufig Ihren Brotbackautomaten verwendet und die Antihaftbeschichtung ging durch Reinigung bereits zum Teil verloren. **Abhilfe: Pinseln Sie die Innenseite der Backform mit etwas Pflanzenöl ein.**

... sich am Brot noch Mehlreste befinden

Wenn am Brotrand oder an der Oberfläche Mehlreste sind, kann es folgende Ursachen haben:
> Der Knethaken war nicht korrekt aufgesetzt, dann kann der Teig nicht richtig gemischt werden. **Abhilfe: Überprüfen Sie den Knethaken.**
> Das Mehl wurde beim Kneten an den Seiten nicht richtig untergearbeitet. **Abhilfe: Nehmen Sie einen Teigschaber und kratzen Sie das Restmehl in den Ecken der Backform zusammen.**

Glutenfreie Brote

Es braucht keinen Meisterbrief, um glutenfreies Brot zu backen

Das Backergebnis hängt von verschiedenen Faktoren ab: Wetter, Jahreszeit, Mahlgrad und Qualität des Getreides sowie Beschaffenheit der Zutaten und der Flüssigkeitsmenge. Glutenfreie Mehle haben alle ihre Eigenarten, die bei der Teigführung, Programmauswahl, Knetzeit, Ruhe- bzw. Quellzeit und Backzeit beachtet werden sollen. Deshalb sehen Sie die Rezeptangaben als

Anhaltspunkte, die man eventuell anpassen muss. Die Rezepte wurden in verschiedenen Automaten, von verschiedenen Herstellern und Personen gebacken und für sehr gut empfunden.

Auf einen Blick

Mengenangaben und Informationen zu den Rezepten finden Sie hier:

Salz/Zucker: 1½ TL entsprechen ca. 10 g

Honig: Je nach Honigsorte erhalten Sie einen anderen Geschmack. Probieren Sie aus, was Ihnen am besten schmeckt.

Hefe: Im Durchschnitt wird 1 Päckchen Trockenhefe (2 TL) auf 500 g Mehl verarbeitet. Wenn im Rezept „1 Pck. Trockenhefe" angegeben ist, können Sie diese auch durch ½ Würfel (21 g) frische Hefe ersetzen.

Sauerteig: Gibt es in unterschiedlicher Form zu kaufen, als Starterteig oder als fertiger Sauerteig in flüssiger, pastöser oder getrockneter Form. Bei den Rezepten habe ich getrockneten Sauerteig (Pulverform) verschiedener Hersteller in Kombination mit Hefe verwendet. Bitte lesen Sie bei fertig gekauftem Sauerteig immer die Herstellerangaben. Selbstverständlich können Sie auch Ihren selbstgezüchteten Sauerteig verwenden und einfach im Rezept austauschen bzw. einsetzen.

Backferment: Habe ich von der Firma Sekowa und Biovegan benutzt. Hier bitte ebenso die Herstellerangaben beachten.

Programmauswahl: Da jeder Brotbackautomatenhersteller seine Programme etwas anders benennt, wählen Sie am besten ein Programm mit einer Gesamtdauer von etwa 2–3 Stunden. Je länger das Programm dauert, umso mehr Zeit hat das Brot zu quellen und aufzugehen und umso schmackhafter wird es.

Teig: Beobachten Sie den Teig genau: Fehlt noch etwas Flüssigkeit oder muss ich gar noch etwas Mehl beimengen? Falls ja, geben Sie nach Bedarf esslöffelweise etwas dazu. Da jeder Automat etwas anders arbeitet und die Mehle sich oft in Qualität und Mahlgrad unterscheiden, sind manchmal kleine Nacharbeiten erforderlich.

Fertiges Brot: Alle Brotsorten eignen sich hervorragend zum Toasten, was immer ein besonderer Genuss ist.

Brote aus den Mehlmischungen

Die Varianten der Brot-Mehlmischungen finden Sie auf Seite 37, 38. Mischen Sie hierzu die Mehle und geben Sie die anderen Zutaten wie im Rezept angegeben dazu.

Helles Mischbrot

Programm „Teig" und „Backen"
oder „Backpulver"
Für ca. 800 g

20 g Chiasamen
200 ml Milch
400 g helle Mehlmischung:
Variante Nr. 2
1 Pck. Weinsteinbackpulver
1 TL Salz
1 TL Zucker
1 EL Sonnenblumenöl
1 Ei
100 ml Buttermilch
2 EL Mineralwasser

VORBEREITUNG:
Chiasamengel (220 g) herstellen:
Dazu Chiasamen mit Milch vermischen und
mind. 2 Stunden quellen lassen.

ZUBEREITUNG:

Alle Zutaten in die Backform füllen und in den Automaten setzen, Programm „Teig" starten und den Teig für ca. 5–10 Minuten verrühren lassen, bis alles gut vermischt ist. Programm danach direkt beenden und Programm „Backen" für 60 Minuten starten. Oder mit Programm „Backpulver" den Teig kneten und backen lassen. Nach Backende Brot aus der Form nehmen und auskühlen lassen.

Helles Mischbrot ist ein mildes Brot, das zu süßen und pikanten Aufstrichen passt.

TIPP
Für das Chiasamengel können Sie anstatt Vollmilch auch Mandel- oder Kokosdrink verwenden.

Weißbrot

Programm „Schnell" oder „Glutenfrei"
Für ca. 900 g

450 g helle Mehlmischung:
Variante 1, 2 oder 3
1 Pck. Trockenhefe
1½ TL Salz
1 TL Zucker
50 g Naturjoghurt
20 g Butter, flüssig
1 Ei
240 ml Milch, lauwarm
50 ml Mineralwasser

ZUBEREITUNG:

Mehlmischung Variante Nr. 1, 2 oder 3
herstellen. Alle Zutaten in die Backform
füllen und in den Automaten setzen,
Programm „Schnell" oder „Glutenfrei"
starten. Nach Programmende Brot auf
einem Kuchengitter auskühlen lassen,
bevor Sie es anschneiden.

Körnerbrot

Programm „Glutenfrei" oder „Schnell"
Für ca. 1100 g

1 mittelgroße Kartoffel, gekocht
500 g dunkle Mehlmischung:
Variante Nr. 1
30 g Trockensauerteig
1 Pck. Trockenhefe
1½ TL Salz
1 TL Brotgewürz
1 EL Zuckerrübensirup
1 EL Sonnenblumenkernöl
350 g Buttermilch, lauwarm
ca. 100 ml Wasser, lauwarm
80 g Körner gemischt (Sonnenblumenkerne, Kürbiskerne, Sesam, geschroteter
Leinsamen)

ZUBEREITUNG:

Rund 50 g geschälte, warme Pellkartoffeln mit einer Reibe fein reiben
und zusammen mit den restlichen
Zutaten in die Backform füllen. Programm „Schnell" oder „Glutenfrei"
starten. Nach Programmende Brot auf
einem Kuchengitter auskühlen lassen,
bevor Sie es anschneiden.

Kichererbsenbrot

Programm „Teig" und „Backen"
oder „Backpulver"
Für ca. 700 g

450 g helle Mehlmischung: Variante Nr. 4
2 TL Zucker
2 TL Salz
2 TL Backpulver
1 EL Speiseöl
1 EL Essig
1 Ei
ca. 250 ml kohlensäurehaltiges
Mineralwasser

ZUBEREITUNG:

Alle Zutaten in die Backform füllen
und in den Automaten setzen, Programm
„Teig" starten und den Teig für ca.
5–10 Minuten verrühren lassen, bis alles
gut vermischt ist. Programm danach
direkt beenden, Teigoberfläche mit etwas
Milch glatt streichen und Programm „Backen" für 60 Minuten starten. Oder mit
Programm „Backpulver" den Teig kneten
und backen lassen. Nach Backende Brot
aus der Form nehmen und auskühlen
lassen.

Kichererbsen-Kräuterbrot

Programm „Glutenfrei" oder „Schnell"
Für ca. 700 g

250 g helle Mehlmischung: Variante Nr. 4
80 g Maismehl
30 g Reisgrieß
1 Pck. Trockenhefe
½ TL Backpulver
1 TL Salz
1 TL Zucker
1 TL Apfelessig
1 EL Olivenöl
150 g Buttermilch, lauwarm
ca. 200 ml Wasser, lauwarm
2 EL Kräuter, klein gehackt (gemischt:
Petersilie, Koriander, Schnittlauch)

ZUBEREITUNG:

Mehlmischung mit Maismehl, Reisgrieß,
Hefe und Backpulver mischen.
Alles zusammen mit Salz, Zucker, Essig,
Öl, Buttermilch, Wasser und Kräuter-
mix in die Backform füllen. Programm
„Schnell" oder „Glutenfrei" starten.
Nach Programmende Brot auf einem
Kuchengitter auskühlen lassen, bevor
Sie es anschneiden.

Kichererbsen-Kräuterbrot passt ausgezeichnet zu Salaten und Suppen.

Pizzabrot

Programm „Glutenfrei" oder „Schnell"
Für ca. 850 g

100 g Kartoffeln, gekocht
50 g Schmand
1 TL Salz / 1 TL Zucker
1 EL Olivenöl
350 g helle Mehlmischung: Variante Nr.3
1 Pck. Trockenhefe
1 EL Pizzagewürz
(Oregano, Basilikum, Koriander)
300 g Tomatenstücke aus der Dose
oder frische, fein gehackt
evtl. Wasser zugeben

ZUBEREITUNG:
Geschälte, warme Pellkartoffeln durch eine
Presse drücken oder mit einer Reibe fein reiben.
Zusammen mit Schmand, Salz, Zucker und
Olivenöl mischen. Alles zusammen mit der
Mehlmischung, Hefe, Pizzagewürz und Toma-
ten in die Backform füllen. Programm „Schnell"
oder „Glutenfrei" starten. Nach Programmende
Brot auf einem Kuchengitter auskühlen lassen,
bevor Sie es anschneiden.

Ricottabrot

Programm „Glutenfrei" oder „Schnell"
Für ca. 750 g

400 g helle Mehlmischung: Variante Nr. 3
1 Pck. Trockenhefe
1½ TL Salz / 1 TL Zucker
1 EL Zuckerrübensirup
100 g Ricotta
1 Ei
1 EL Apfelessig
20 g Butter
200 ml Milch, lauwarm

ZUBEREITUNG:
Alle Zutaten in die Backform füllen. Programm
„Schnell" oder „Glutenfrei" starten. Nach Programmende Brot auf einem Kuchengitter aus
kühlen lassen, bevor Sie es anschneiden.

Kastanien-Joghurtbrot

Programm „Glutenfrei" oder „Backpulver"
Für ca. 950 g

20 g Chiasamen
150 ml Wasser
300 g dunkle Mehlmischung: Variante Nr. 2
200 g Kastanienmehl
1 Pck. Backpulver
1½ TL Salz
1 EL Zuckerrübensirup
250 g Naturjoghurt
3 EL Rapsöl

VORBEREITUNG:
Chiasamengel (150 g) herstellen: Chiasamen
mit Wasser mischen und über Nacht quellen
lassen.

ZUBEREITUNG:
Alle Zutaten (inkl. Chisamengel) in die Backform füllen. Programm „Backpulver" oder
„Glutenfrei" starten. Nach Programmende Brot
auf einem Kuchengitter auskühlen lassen,
bevor Sie es anschneiden.

Glutenfreie Brote mit Trockenhefe

Bierbrot

Programm „Schnell" oder „Glutenfrei"
Für ca. 700 g

200 g Buchweizenmehl
100 g Reismehl
50 g Kartoffelstärke
1½ TL Salz
1 TL Zucker
2 EL Flohsamenschalen
1 EL Leinsamen, geschrotet
1 Pck. Trockenhefe
330 ml glutenfreies Bier, lauwarm
1 EL Olivenöl

ZUBEREITUNG:

Buchweizenmehl, Reismehl, Kartoffelstärke, Salz, Zucker, Flohsamenschalen, Leinsamen und Hefe vermischen und in die Backform geben. Glutenfreies Bier und Olivenöl dazugeben und Programm „Schnell" oder „Glutenfrei" starten. Nach Programmende Brot auf einem Kuchengitter auskühlen lassen, bevor Sie es anschneiden.

Das Bierbrot ist ein sehr leckeres, urtümliches und rustikales Vesperbrot.

Glutenfreies Bier

Inzwischen gibt es im Handel zahlreiche wohlschmeckende glutenfreie Biere – mit und ohne Alkohol. Für die Herstellung von glutenfreien Bieren ist neben der Verwendung glutenfreier Rohstoffe wie Mais, Reis oder Hirse auch der Einsatz von herkömmlichen Getreidearten möglich. Hierbei wird das Gluten nachträglich in einem speziellen Verfahren entfernt. Je nach Hersteller unterscheiden sich die Brauverfahren und somit der Geschmack des glutenfreien Bieres.

Sesambrot

Programm „Glutenfrei" oder „Schnell"
Für ca. 900 g

180 g Teffmehl
120 g Maisstärke
60 g Buchweizenmehl
30 g Traubenkernmehl
30 g Vollkornamaranthmehl
10 g Guarkernmehl
2 TL Flohsamenschalen, gemahlen
1½ TL Trockenhefe
3 EL Sesamsamen, geröstet
80 g Magerquark
1 Ei
1½ TL Salz
1 TL Ahornsirup
1 EL Apfelessig
2 EL Sesamöl
280 ml kohlensäurehaltiges Mineralwasser, lauwarm

Für die Optik:
1 EL Sesamöl
2 EL Sesamsamen, geröstet

ZUBEREITUNG:
Teffmehl, Maisstärke, Buchweizenmehl, Traubenkernmehl, Amaranthmehl, Guarkernmehl, Flohsamenschalen, Trockenhefe und Sesamsamen in einer Schüssel mischen. Quark, Ei, Salz, Ahornsirup, Essig, Sesamöl und Mineralwasser gut verrühren und zusammen mit der Mehlmischung in die Backform geben. Programm „Glutenfrei" oder „Schnell" starten. Nach der Knetzeit, die Teigoberfläche mit Sesamöl bestreichen und Sesamsamen aufstreuen. Nach dem Programmende Brot auf einem Kuchengitter auskühlen lassen, bevor Sie es anschneiden.

Kartoffelbrot halb und halb

Programm „Schnell" oder „Glutenfrei"
Für ca. 900 g

200 g Kartoffeln, gekocht
200 g Kartoffeln, roh
120 g Kartoffelmehl
100 g Braunhirsemehl
50 g Maismehl
1 TL Guarkernmehl
1 EL Flohsamenschalen, gemahlen
2 EL Goldleinsamen, geschrotet
1 Pck. Trockenhefe
ca. 150 ml Wasser
50 g Apfelmark
1½ TL Salz
1 TL Zuckerrübensirup

ZUBEREITUNG:
Gekochte, geschälte, noch warme Pellkartoffeln durch eine Presse drücken oder mit einer Reibe grob reiben. Rohe Kartoffeln fein reiben und den Saft dabei gut ausdrücken. Kartoffelmehl, Braunhirsemehl, Maismehl, Guarkernmehl, Flohsamenschalen, Goldleinsamen und Trockenhefe mischen. Alles zusammen mit Wasser, Apfelmark, Salz und Zuckerrübensirup in die Backform füllen. Programm „Schnell" oder „Glutenfrei" starten. Nach Programmende Brot auf einem Kuchengitter auskühlen lassen, bevor Sie es anschneiden.

TIPP Für eine besonders herzhafte Variante geben Sie etwas Röstzwiebeln, Speck oder Gewürze wie Muskatnuss zum Teig. Geröstete Kartoffelbrotscheiben sind eine Delikatesse zum Salat oder einer kräftigen Suppe.

Kartoffelbrot halb und halb ist ein sehr bekömmliches Brot.

Tolle Knolle

Es gibt rund 5 000 Sorten mit großer Vielfalt an Farben, Formen und Geschmäcken. Die Kartoffel besteht zu 77 % aus Wasser, dazu kommt Stärke, die sie nahrhaft macht. Jede Kartoffelsorte – ob Früh- bis Spätsorte, festkochend oder mehlig, Salz- oder Pellkartoffel, gekocht, gegart oder gebacken – wird eine andere Teigkonsistenz hervorrufen, daher beachten Sie die Flüssigkeitsmenge und passen Sie diese bei Bedarf an.

Haselnussbrot

Programm „Schnell" oder „Glutenfrei"
Für ca. 1000 g

250 g Teffmehl
125 g Buchweizenmehl
100 g Kartoffelstärke
25 g Maisstärke
15 g Guarkenmehl
1 Pck. Trockenhefe
1½ TL Salz
50 g Haselnüsse, grob gehackt
1 TL Agavendicksaft
1½ EL Rapsöl
450 ml Wasser, lauwarm

ZUBEREITUNG:

Teffmehl, Buchweizenmehl, Kartoffelstärke, Maisstärke, Guarkernmehl und
Trockenhefe vermischen und in die
Backform geben. Salz, Haselnüsse, Agavendicksaft, Rapsöl und Wasser dazugeben. Programm „Schnell" oder „Gluten
frei" starten. Nach Programmende das
Brot auf einem Kuchengitter auskühlen
lassen, bevor Sie es anschneiden.

TIPP Für eine schöne Optik nach
der Knetzeit die Teigoberfläche mit
Rapsöl bestreichen und gehackte
Haselnusskerne aufstreuen.

Teffmehl-Walnussbrot

Programm „Glutenfrei" oder „Schnell"
Für ca. 900 g

80 g Magerquark
20 g Walnussöl
½ EL Ahornsirup
1 EL Apfelessig
1 Ei
300 g Teffvollkornmehl
100 g Kartoffelstärke
1½ TL Salz
1½ TL Trockenhefe
300 ml Wasser, lauwarm
80 g Walnüsse, grob gehackt

ZUBEREITUNG:

Quark mit Walnussöl, Ahornsirup,
Essig und einem Ei in einer Schüssel
verrühren. Teffmehl, Kartoffelstärke,
Salz und Trockenhefe vermischen und
in die Backform geben. Wasser, Quark-
mischung und Walnüsse dazugeben.
Programm „Schnell" oder „Glutenfrei"
starten. Nach Programmende Brot auf
einem Kuchengitter auskühlen lassen,
bevor Sie es anschneiden.

Käse-Zwiebelbrot

Programm „Glutenfrei" oder „Schnell"
Für ca. 1000 g

150 g Reismehl
150 g Buchweizenmehl
100 g Tapiokastärke
50 g Maisgrieß
1 TL Xanthan
1 EL Flohsamenschalen, gemahlen
1½ TL Trockenhefe
1 TL Salz
½ TL Zucker
100 g körniger Frischkäse (Hüttenkäse)
60 g Käse, gerieben (Emmentaler,
Gouda oder Hartkäse nach Wahl)
20 g Butter, weich
1 Ei
ca. 300 ml Wasser, lauwarm
40 g Röstzwiebeln, glutenfrei

ZUBEREITUNG:

Reismehl, Buchweizenmehl, Tapiokastärke, Maisgrieß, Xanthan, Flohsamenschalen und Trockenhefe mischen. Alles zusammen mit Salz, Zucker, körnigem Frischkäse, geriebenem Käse, Butter, Ei und Wasser in die Backform füllen. Programm „Schnell" oder „Glutenfrei" starten. Erst kurz vor Ende des letzten Knetganges die Röstzwiebeln dazugeben. Nach Programmende Brot auf einem Kuchengitter auskühlen lassen, bevor Sie es anschneiden.

TIPP Statt glutenfreien Röstzwiebeln können Sie auch rote Zwiebeln (geschält, in Scheiben geschnitten) in einer Pfanne anrösten und zum Teig geben. Ein raffiniertes Aroma erhalten Sie durch Zugabe von 20 g Rosinen oder 40 g grob geschnittenen getrockneten Feigen.

Käse-Zwiebelbrot mit Butter bestrichen - mehr braucht es nicht.

Mehrkornbrot

Programm „Glutenfrei" oder „Schnell"
Für ca. 1000 g

150 g Reismehl
150 g Buchweizenmehl
75 g Kartoffelstärke
1½ TL Xanthan
1 EL Flohsamenschalen, gemahlen
1 TL Salz
1 TL Zucker
1 Pck. Trockenhefe
80 g Pellkartoffeln, gekocht
1 EL Apfelessig
1 EL Sonnenblumenöl
150 g Magerquark
ca. 250 ml Wasser, lauwarm
80 g Körnermix (Sonnenblumenkerne,
Kürbiskerne, Sesam, Leinsamen)

ZUBEREITUNG:

Reismehl, Buchweizenmehl, Kartoffelstärke, Xanthan, Flohsamenschalen,
Salz, Zucker und Trockenhefe mischen.
Noch warme geschälte Pellkartoffeln
durch eine Presse drücken oder mit
einer Reibe fein reiben. Alles zusammen mit Apfelessig, Öl, Quark, Wasser
und Körnermix in die Backform füllen.
Programm „Schnell" oder „Glutenfrei"
starten. Nach Programmende das Brot
auf einem Kuchengitter auskühlen
lassen, bevor Sie es anschneiden.

Mehrkornbrot ist ein ausgezeichnetes Alltagsbrot, das immer schmeckt.

Helles Knollenbrot

Programm „Glutenfrei" oder „Schnell"
Für ca. 750 g

100 g Kartoffeln, gekocht
100 g Maisstärke
100 g Reismehl
50 g Kartoffelmehl
40 g Mandeln, gemahlen
30 g Süßlupinenmehl
30 g Kokosmehl
1 TL Guarkernmehl
10 g Flohsamenschalen, gemahlen
1 Pck. Trockenhefe
ca. 280 ml Wasser, lauwarm
1 EL Olivenöl
20 g Sesamsamen, geröstet
1 TL Salz
1 TL Zucker

ZUBEREITUNG:

Geschälte, noch warme Pellkartoffeln
durch eine Presse drücken oder mit
einer Reibe grob reiben. Maisstärke,
Reismehl, Kartoffelmehl, gemahlene
Mandeln, Süßlupinenmehl, Kokosmehl,
Guarkernmehl, Flohsamenschalen und
Trockenhefe mischen. Alles zusammen mit Wasser, Olivenöl, Sesam, Salz
und Zucker in die Backform füllen.
Programm „Schnell" oder „Glutenfrei"
starten. Nach Programmende Brot auf
einem Kuchengitter auskühlen lassen,
bevor Sie es anschneiden.

Butter-Toastbrot

Programm „Glutenfrei" oder „Schnell"
Für ca. 900 g

100 g Reismehl
100 g helles Sorghummehl
100 g Tapiokastärke
50 g Klebreismehl
50 g Maisstärke
30 g Kokosmehl
20 g Süßlupinenmehl
1½ TL Xanthan
1½ TL Flohsamenschalen, gemahlen
1 TL Salz
1 EL Zucker
1 Pck. Trockenhefe
50 g Butter, weich
2 Eier
1 EL Apfelessig
50 ml Sahne, lauwarm
ca. 250 ml Vollmilch, lauwarm

ZUBEREITUNG:

Reismehl, Sorghummehl, Tapiokastärke,
Klebreismehl, Maisstärke, Kokosmehl,
Süßlupinenmehl, Xanthan, Flohsamenschalen und Trockenhefe mischen. Alles
zusammen mit Salz, Zucker, Butter, Eier,
Apfelessig und Milch in die Backform
füllen. Programm „Schnell" oder „Glutenfrei" starten. Nach Programmende Brot
auf einem Kuchengitter auskühlen
lassen, bevor Sie es anschneiden.

Buchweizenbrot

Programm „Schnell" oder „Glutenfrei"
Für ca. 1000 g

Brühstück:
80 g Buchweizenmehl
20 g Leinsamen
250 ml Wasser, kochend

70 g Maisstärke
350 g Buchweizenmehl
1 Pck. Trockenhefe
1 EL Flohsamenschalen, gemahlen
½ TL Kreuzkümmel, gemahlen
1 ½ TL Salz
1 EL Zuckerrübensirup
2 EL Olivenöl
1 EL Weinessig
100 ml Buttermilch, lauwarm
150 ml Mineralwasser
25 g Amaranth, gepufft

VORBEREITUNG:
Brühstück erstellen: Buchweizenmehl und Leinsamen mit Wasser übergießen, zusammenrühren und mind. 30 Minuten quellen lassen.

ZUBEREITUNG:

Maisstärke mit Buchweizenmehl, Trockenhefe, Flohsamenschalen, Kreuzkümmel mischen und in die Backform füllen. Brühstück, Salz, Zuckerrübensirup, Öl, Essig, Buttermilch, Mineralwasser und gepufften Amaranth dazugeben und Programm „Glutenfrei" oder „Schnell" starten. Nach Backende Brot auf ein Gitter stürzen und vollständig auskühlen lassen.

Milch-Reisbrot

Programm „Glutenfrei" oder „Schnell"
Für ca. 800 g

Kochstück:
250 ml Vollmilch + etwas mehr zum Bepinseln
50 g Reisflocken
30 g Reismehl
20 g Goldleinsamen + etwas mehr für die Optik
20 g Butter

150 g Reismehl
100 g Tapiokastärke
50 g Klebreismehl
1 ½ TL Guarkernmehl
1 TL Backpulver
1 Pck. Trockenhefe
1 TL Salz
1 TL Reissirup
1 TL Apfelessig
1 Ei
ca. 50 ml Wasser, lauwarm

VORBEREITUNG:
Kochstück erstellen: Milch im Topf zum Kochen bringen. Reisflocken, Reismehl, Goldleinsamen und Butter unterrühren und ausquellen lassen.

ZUBEREITUNG:

Für die Brotmehlmischung, Reismehl, Tapiokastärke, Klebreismehl, Guarkernmehl, Backpulver und Trockenhefe mischen. Alles zusammen mit Salz, Reissirup, Apfelessig, Ei und Wasser in die Backform füllen. Programm „Schnell" oder „Glutenfrei" starten.

Milch, Reis und Goldleinsamen - eine tolle Kombination, das Milch-Reisbrot.

Brote mit Backpulver

Glutenfreie Mehle und Backpulver geben eine gute Kombination ab und sind nicht nur für Menschen, die keine Hefe vertragen eine leckere Alternative. Rezepte mit Backpulver benötigen keine lange Knetzeit oder Ruhezeit und sind geschmacklich eine Bereicherung in der glutenfreien Brotwelt. Ich empfehle Ihnen, um die Zutaten zu verrühren, mit dem Programm „Teig" zu starten. Beenden Sie nach ca. 5 Minuten das Programm bzw. wenn alles gut vermischt ist und anschließend starten Sie direkt das Programm „Backen" für ca. 50–60 Minuten. Alternativ können Sie auch das Programm „Backpulver", „Glutenfrei" oder „Schnell" wählen, die ebenfalls nur kurz rühren, etwas ruhen und zuletzt backen.

Kürbisbrot

Programm „Teig" und „Backen"
Für ca. 750 g

100 g Buchweizenmehl
100 g Reismehl
50 g Süßlupinenmehl
1½ TL Salz
1 EL Flohsamenschalen, gemahlen
2 TL Guarkernmehl
1 TL Backpulver
50 g Kürbiskerne
10 g Agavendicksaft
1 EL Kürbiskernöl
1 EL Rapsöl
2 EL Weinessig
75 g Hokkaido-Kürbis, geraspelt
300 ml kohlensäurehaltiges Mineralwasser

ZUBEREITUNG:

Buchweizenmehl, Reismehl, Süßlupinenmehl, Salz, Flohsamenschalen, Guarkernmehl, Backpulver und Kürbiskerne in der Backform mischen. Agavendicksaft, Öle, Essig, Kürbis und Mineralwasser der Reihe nach dazugeben. Programm „Teig" starten und den Teig für ca. 5 Minuten verrühren lassen, bis alles gut vermischt ist. Programm danach direkt beenden und Programm „Backen" für 55–60 Minuten starten.

TIPP Für eine schöne Optik Teigoberfläche nach dem Kneten mit ein wenig Öl bestreichen und Kürbiskerne aufstreuen.

Kürbisbrot ist ein Klassiker - Scheibe für Scheibe einfach lecker und schnell gebacken.

6-Korn-Quarkbrot

Programm: „Teig" und „Backen"
oder „Backpulver"
Für ca. 750 g

3 EL Leinsamen
2 EL Sesamsamen, geröstet
50 g Sonnenblumenkerne
1 EL Flohsamenschalen
50 g Amaranthmehl
50 g Buchweizenmehl
50 g Maismehl
25 g Kartoffelstärke
1 TL Salz
3 EL Amaranth, gepufft
1 Pck. Weinsteinbackpulver
3 Eier
250 g Quark
1 TL Honig
1 TL Apfelessig
1 TL Sesamöl

ZUBEREITUNG:

Leinsamen, Sesamsamen, Sonnenblumenkerne und Flohsamenschalen im
Mixer fein mahlen. Dieses Saatenmehl
zusammen mit Amaranthmehl, Buchweizenmehl, Maismehl, Kartoffelstärke,
Salz, Amaranth und Backpulver in einer
Schüssel mischen.
Eier mit Quark, Honig, Essig und Öl
verrühren und in die Backform füllen,
Mehlmischung dazugeben. Programm
„Teig" starten und den Teig für ca. 5 Minuten verrühren lassen, bis alles gut
vermischt ist. Programm danach direkt
beenden und Programm „Backen" für
ca. 60 Minuten starten. Oder mit Programm „Backpulver" den Teig kneten
und backen lassen.
Nach Backende Brot aus der Form nehmen und auskühlen lassen.

6-Korn-Quarkbrot ist ein luftiges und
saftiges Brot, das beinahe jedem schmeckt.

Karotte-Apfelbrot

Programm „Teig" und „Backen"
Für ca. 900 g

Mehlmischung:
30 g Kokosmehl, 50 g Buchweizenmehl,
50 g Braunhirsemehl, 50 g Teffmehl,
50 g Maisstärke, 60 g Tapiokastärke,
1 TL Guarkernmehl, 1 TL gemahlene
Flohsamenschalen, 1 Pck. Weinsteinbackpulver

100 g Apfel, grob geraspelt
400 g Karotten, fein geraspelt
50 g Kürbiskerne
50 g Sonnenblumenkerne
1½ TL Salz
1 TL Zuckerrübensirup
1 EL Sonnenblumenöl
1 TL Zitronensaft
20 ml frisch gepresster Orangensaft

ZUBEREITUNG:

Mehlmischung herstellen. Apfel- und
Karottenraspeln mit Mehlmischung und
den anderen Zutaten in einer Schüssel
mit der Hand gut zusammenmischen
oder im Automaten mit dem Programm
„Teig" für ca. 5 Minuten kneten lassen.
Programm „Backen" für 60 Minuten
starten. Nach Backende Brot aus der
Form nehmen und auskühlen lassen.

TIPP Für eine würzige Variante geben Sie Brotgewürze wie Koriander,
Schwarzkümmel, Anis oder Fenchel
in den Teig.

Einfaches Quarkbrot

Programm „Teig" und „Backen"
oder „Backpulver"
Für ca. 900 g

Quellstück:
30 g Leinsamen
30 g Hirsegrieß
100 ml kochendes Wasser

Mehlmischung:
100 g Maismehl, 80 g Vollkornreismehl,
50 g rotes Linsenmehl, 50 g Klebreismehl,
50 g Tapiokastärke, 1 Pck. Weinsteinbackpulver

30 g Walnüsse, grob gehackt
20 g Sonnenblumenkerne
1½ TL Salz
10 g Agavendicksaft
1 Ei
250 g Speisequark
50 g Mascarpone

VORBEREITUNG:

Quellstück herstellen: Leinsamen
und Hirsegrieß mit kochendem Wasser
übergießen, zusammenrühren und mind.
15 Minuten quellen lassen.
Mehlmischung herstellen.

ZUBEREITUNG:

Mehlmischung mit den anderen Zutaten
und Quellstück in die Backform geben, in
den Automaten setzen, Programm „Teig"
starten und den Teig für ca. 5–10 Minuten
verrühren lassen, bis alles gut vermischt ist.
Programm danach direkt beenden und Programm „Backen" für 60 Minuten starten.
Oder mit Programm „Backpulver" den Teig
kneten und backen lassen. Nach Backende
Brot aus der Form nehmen und auskühlen
lassen.

Karottenbrot mit rotem Linsenmehl

Programm „Backen"
Für ca. 750 g

80 g Buchweizengrütze
50 g rotes Linsenmehl
20 g Mandeln, gemahlen
20 g Mandeln, gehackt
2 EL Leinsamen, geschrotet
20 g Sonnenblumenkerne
1 Pck. Weinsteinbackpulver
1½ TL Salz
100 g Karotten, grob geraspelt
3 Eier
250 g Magerquark

Für eine schöne Optik:
1 EL Speiseöl
2 EL Sonnenblumenkerne

ZUBEREITUNG:

Buchweizengrütze, Linsenmehl, gemahlene und gehackte Mandeln, Leinsamen, Sonnenblumenkerne, Backpulver und Salz in einer Schüssel mischen. Karotten mit Eiern und Quark verrühren, zu der Mehlmischung dazugeben und zu einem Teig verrühren. Den Teig in die Backform geben, die Teigoberfläche glattstreichen, mit Öl bestreichen und Sonnenblumenkerne aufstreuen. Programm „Backen" für 60 Minuten starten.

TIPP Für einen Hauch von Orient, geben Sie in den Teig eine Messerspitze gemahlenen Zimt, Muskat oder Kardamom.

Weißwein-Pistazienbrot

Programm „Glutenfrei" oder „Backpulver"
Für ca. 950 g

Mehlmischung:
100 g Klebreismehl
100 g rotes Linsenmehl
100 g Kichererbsenmehl
100 g Buchweizenmehl
50 g Kartoffelstärke
50 g Tapiokastärke
2 TL Xhantan
1 EL gemahlene Flohsamenschalen
1 Pck. Backpulver

1 TL Salz
1 EL Ahornsirup
35 g Pistazien, gehackt
300 ml Weißwein
100 ml Wasser

ZUBEREITUNG:

Für die Mehlmischung Zutaten in einer Schüssel mischen. Gemeinsam mit den restlichen Zutaten in die Backform füllen, Backform in den Automaten setzen und Programm „Glutenfrei" oder „Backpulver" starten. Mit einem Teigschaber die Mehlreste in der Backform zusammenkratzen, bis alles gut vermischt ist. Nach Backende Brot aus der Form nehmen und auskühlen lassen.

Karottenbrot mit rotem Linsenmehl - eine köstliche Bereicherung für jeden Brotkorb.

Goldleinsamen-Eiweißbrot

Programm „Glutenfrei" oder „Backpulver"
Für ca. 800 g

100 g Goldleinsamen, geschrotet
100 g Mandeln, gemahlen
4 EL Flohsamenschalen, gemahlen
1½ EL Süßlupinenmehl
1½ EL Kokosmehl
1 TL Pfeilwurzelstärke
1 Pck. Backpulver
1 TL Salz
4 Eier
300 g Speisequark
1 EL Apfelessig
3 EL Olivenöl

ZUBEREITUNG:

Goldleinsamen, Mandeln, Flohsamenschalen, Süßlupinenmehl, Kokosmehl, Pfeilwurzel-stärke, Backpulver und Salz in einer Schüssel mischen. Eier mit Quark, Essig, Olivenöl in die Backform füllen und Mehlmischung dazu-geben. Backform in den Automaten setzen, Programm „Glutenfrei" oder „Backpulver" starten, mit einem Teigschaber die Mehlreste in der Backform zusammenkratzen bis alles gut vermischt ist. Nach Backende Brot aus der Form nehmen und auskühlen lassen.

TIPP Für eine körnigere Variante geben Sie je nach Vorliebe 3 EL Sonnenblumen-kerne, Kürbiskerne oder grob gehackte Nüsse zum Teig dazu.

Goldleinsamen-Eiweißbrot wird durch die Zugabe von Eiern und Quark besonders saftig.

Hirsebrot

Programm „Teig" und „Backen" oder
„Backpulver"
Für ca. 1000 g

Hirsemischung:
50 g Hirseflocken
30 g Hirsegrieß
3 EL Sonnenblumenkerne
2 EL Goldleinsamen, geschrotet
1 TL Flohsamenschalen, gemahlen
300 ml Wasser, lauwarm
120 g Hirsevollkornmehl
130 g Teffmehl
120 g Maisstärke
30 g Tapiokastärke
1 ½ TL Xanthan
1 Pck. Backpulver
1 TL Salz
1 EL Zuckerrübensirup
1 EL Essig
3 EL Sonnenblumenöl
50 ml Vollmilch
50 ml kohlensäurehaltiges Mineralwasser

VORBEREITUNG:

Hirseflocken, Hirsegrieß, Sonnenblumenkerne, Goldleinsamen und
Flohsamenschalen mit Wasser mischen
und mind. 2 Stunden quellen lassen.

ZUBEREITUNG:

Hirsevollkornmehl, Teffmehl, Maisstärke,
Xanthan, Backpulver und Salz in einer Schüssel
mischen. Zuckerrübensirup, Essig, Öl, Milch und
Mineralwasser in die Backform füllen. Mehlmischung und vorgequollene Hirsemischung
dazugeben. Backform in den Automaten setzen,
Programm „Teig" starten und den Teig für ca.
5–10 Minuten verrühren lassen, bis alles gut
vermischt ist. Programm danach direkt beenden
und Programm „Backen" für 60 Minuten starten.
Oder mit Programm „Backpulver" den Teig kneten und backen lassen. Nach Backende Brot aus
der Form nehmen und auskühlen lassen.

Hirsebrot: Hirse ist eines der ältesten
Brotgetreide der Welt.

Reisbrot

Programm „Glutenfrei" oder
„Backpulver"
Für ca. 1000 g

400 g Reismehl
50 g Maisstärke
2 TL Xanthan
1 Pck. Backpulver
1 TL Salz
1 TL Reissirup
1 EL Goldleinsamen
1 EL Sesam
2 EL Sonnenblumenkerne
ca. 500 ml Wasser

Für eine schöne Optik:
2 EL Milch und 2 EL Goldleinsamen

ZUBEREITUNG:

Alle Zutaten in die Backform füllen,
Backform in den Automaten setzen und
Programm „Glutenfrei" oder „Backpulver"
starten. Mit einem Teigschaber die Mehlreste in der Backform zusammenkratzen,
bis alles gut vermischt ist. Nach dem
letzten Knetgang die Teigoberfläche glatt
streichen, mit Milch bepinseln und etwas
Goldleinsamen aufstreuen. Nach Backende
Brot aus der Form nehmen und auskühlen
lassen.

Reisbrot schmeckt zum Frühstück, Abendessen oder auch zwischendurch.

Brote mit Backferment

Beim glutenfreien Backferment handelt es sich im Grunde um einen milden Sauerteig. Das glutenfreie Brot aus Backferment ist vom Geschmack her etwas ganz anderes als mit Backpulver oder mit Hefe hergestellte Brote. Der größere Zeitaufwand bei der Herstellung wird durch einen leckeren Geschmack, lockere Krume, Magenfreundlichkeit und eine längere Haltbarkeit der Brote als bei herkömmlichen Broten entschädigt.

ZUBEREITUNG:

Aus den Zutaten des Vorteigs einen weichen Teig herstellen, indem alles zusammen verrührt wird und diesen in einem Einmachglas oder einer Schüssel mit Deckel 12–24 Stunden bei 25°C warm stellen. Der Vorteig muss nach dieser Zeit gut ausgereift sein und Bläschen gebildet haben.

Zur **Programmauswahl** eignet sich am besten ein Eigenprogramm, bei dem Sie die Zeiten von Kneten, Stehen, Backen selber einstellen können. Es funktioniert aber auch ein **„Schnelles"** Backprogramm, wenn Sie den Hauptteig erst nach der ersten Stehzeit in den Automaten geben. Sie können auch mit dem Programm „Teig" starten, nach 10 Minuten stoppen, Stehzeit abwarten, kurz wieder zusammenmischen, erneut Stehzeit abwarten, dann Programm „Backen starten".

Rühren Sie den Teig für ca. 10 Minuten, dann lassen Sie ihn für ca. 50 Minuten stehen, erneut ca. 5 Minuten rühren, und wieder ca. 50 Minuten stehen lassen. Und zuletzt für ca. 1 Stunde backen.

TIPP

Falls der Ansatz nicht so ausgereift sein sollte und Sie eine stärkere Lockerung des Brotes wünschen, können Sie wenn keine Unverträglichkeit besteht und es Ihnen hauptsächlich nur um den Geschmack des Backfermentes geht ½ TL Hefe oder ½ TL Backpulver zum Hauptteig dazu geben. So funktioniert es dann zu 100 %, das glutenfreie Brot locker und lecker zu backen.

HINWEIS

Zunächst wird bei allen Broten ein glutenfreier Grundansatz benötigt, den Sie fertig beziehen oder selbst ansetzen können. Hierzu beachten Sie bitte die Angaben des Herstellers.

Dunkles Genuss-Backfermentbrot

Programm „Eigen", „Normal" oder
„Teig" und „Backen"
Für ca. 1300 g

Mehlmischung:
150 g Braunhirsemehl
150 g Sorghummehl
140 g Teffmehl
60 g Traubenkernmehl

Vorteig:
10 g glutenfreier Grundansatz
3 g Granulat
glutenfreies Maisbackferment
150 g Mehlmischung
ca. 200 ml Wasser, lauwarm

Quellstück:
50 g Leinsamen
120 ml Wasser

Hauptteig:
350 g Mehlmischung
1 EL Flohsamenschalen
1 TL Xanthan
1½ TL Salz
1 TL Zucker
150 g Naturjoghurt, erwärmt auf 40°C
ca. 250 ml Wasser
60 g Haselnüsse, grob gehackt

VORBEREITUNG:

Für die Mehlmischung, die Sie für Vor-
und Hauptteig benötigen, die Mehle
gut vermengen.
Für den Vorteig die Zutaten verrühren
und einen weichen Teig herstellen.
Diesen in einem Einmachglas oder einer
Schüssel mit Deckel für 12–24 Stunden
bei 25°C warm stellen. Der Vorteig muss
nach dieser Zeit gut ausgereift sein und
Bläschen gebildet haben.
Für das Quellstück Leinsamen mit kühlem Wasser mischen und über Nacht
ausquellen lassen.

ZUBEREITUNG:

Für den Hauptteig füllen Sie alle Zuta
ten inklusive Vorteig und Quellstück
in die Backform und starten Sie das
Programm „Eigen", „Schnell" oder „Teig"
und „Backen". Nach Backende Brot
aus der Form nehmen und auskühlen
lassen.

Dunkles Genuss-Backfermentbrot - diesen Genuss sollten Sie sich nicht entgehen lassen.

Quinoa-Backfermentbrot

Programm „Eigen", „Schnell"
oder „Teig" und „Backen"
Für ca. 1100 g

Mehlmischung:
200 g Vollkornreismehl
150 g Buchweizenmehl
150 g Maismehl

Vorteig:
10 g glutenfreier Grundansatz
3 g Granulat
glutenfreies Maisbackferment
150 g Mehlmischung
ca. 150 ml Wasser, lauwarm

Kochstück:
50 g weißer Quinoa, ganze Körner
200 ml Wasser
30 g Leinsamen

Hauptteig:
350 g Mehlmischung
1 EL Flohsamenschalen
1½ TL Salz
1 TL Zuckerrübensirup
80 g Naturjoghurt, erwärmt auf 40°C
ca. 100–120 ml Mineralwasser
15 g Sonnenblumenkerne
15 g Reis, gepufft

VORBEREITUNG:

Für die Mehlmischung, die Sie für Vor- und Hauptteig benötigen, die Mehle gut vermengen.

Für den Vorteig die Zutaten verrühren und einen weichen Teig herstellen. Diesen in einem Einmachglas oder einer Schüssel mit Deckel für 12–24 Stunden bei 25°C warm stellen. Der Vorteig muss nach dieser Zeit gut ausgereift sein und Bläschen gebildet haben.

Für das Kochstück, Quinoa in einem Sieb waschen, anschließend in 200 ml Wasser für 10 Minuten kochen lassen, vom Herd nehmen, Leinsamen dazugeben, Deckel auflegen und noch ca. 15–20 Minuten ausquellen lassen.

ZUBEREITUNG:

Für den Hauptteig füllen Sie den Rest der Mehlmischung (350 g), Flohsamenschalen, Salz, Zuckerrübensirup, Naturjoghurt, Mineralwasser, Sonnenblumenkerne, Vorteig und Brühstück in die Backform und setzen Sie es in den Automaten. Anschließend starten Sie das Programm „Eigen", „Schnell" oder „Teig" und „Backen". Geben Sie erst beim letzten Knetgang den gepufften Reis dazu, damit dieser nicht ganz zerschlagen wird. Nach Backende Brot aus der Form nehmen und auskühlen lassen.

Buttermilch-Backfermentbrot

Programm „Eigen", „Schnell"
oder „Teig" und „Backen"
Für ca. 1300 g

Vorteig:
10 g glutenfreier Grundansatz
5 g Granulat, glutenfreies Maisbackferment
80 g Reismehl
70 g Vollkornreismehl
ca. 140 ml Wasser, lauwarm

Quellstück:
50 g Leinsamen
140 ml Wasser

Kochstück:
60 g Reis
180 ml Wasser

Hauptteig:
Mehlmischung:
100 g Kichererbsenmehl
100 g Sorghummehl
100 g Tapiokastärke
50 g Maismehl
1 EL Flohsamenschalen
2 TL Xanthan

1 ½ TL Salz
1 TL Zucker
200 ml Buttermilch, erwärmt auf 40 °C
1 EL Zitronensaft
2 EL Olivenöl
60 g Rote Bete, gekocht und grob geraspelt

VORBEREITUNG:
Für den Vorteig die Zutaten verrühren und einen weichen Teig herstellen. Diesen in einem Einmachglas oder einer Schüssel mit Deckel für 12–24 Stunden bei 25 °C warm stellen. Der Vorteig muss nach dieser Zeit gut ausgereift sein und Bläschen gebildet haben.
Für das Quellstück Leinsamen mit kaltem Wasser mischen und über Nacht ausquellen lassen.
Für das Kochstück Reis in Wasser für 15 Minuten kochen lassen, vom Herd nehmen, Deckel auflegen und noch ca. 15–20 Minuten ausquellen lassen. Die benötigte Wassermenge und Kochdauer variiert je nach Reissorte.

ZUBEREITUNG:

Für den Hauptteig füllen Sie alle Zutaten inklusive Vorteig, Kochstück und Quellstück in die Backform und starten Sie das Programm „Eigen", „Schnell" oder „Teig" und „Backen". Nach Backende Brot aus der Form nehmen und auskühlen lassen.

Chiasamen-Backfermentbrot

Programm „Eigen", „Normal"
oder „Teig" und „Backen"
Für ca. 1100 g

Mehlmischung:
150 g Teffmehl
150 g Kichererbsenmehl
100 g Vollkornreismehl
100 g Sorghummehl

Vorteig:
10 g glutenfreier Grundansatz
3 g Granulat, glutenfreies Maisback-ferment
150 g Mehlmischung
ca. 200 ml Wasser, lauwarm

Chiasamen-Backfermentbrot schmeckt
richtig rund und voll.

Chiasamengel:
3 EL Chiasamen
150 ml Wasser

Hauptteig:
350 g Mehlmischung
2 EL Flohsamenschalen
1 TL Xanthan
1 ½ TL Salz
1 TL Zucker
1 Ei
ca. 200 ml Wasser
25 g Amaranth, pepufft

VORBEREITUNG:
Für die Mehlmischung, die Sie für Vor-
und Hauptteig benötigen, die Mehle
gut vermengen.
Für den Vorteig die Zutaten verrühren
und einen weichen Teig herstellen.
Diesen in einem Einmachglas oder einer
Schüssel mit Deckel für 12–24 Stunden
bei 25°C warm stellen. Der Vorteig muss
nach dieser Zeit gut ausgereift sein und
Bläschen gebildet haben.
Für das Chiasamengel Chiasamen mit
Wasser mischen und über Nacht aus-
quellen lassen.

ZUBEREITUNG:

Für den Hauptteig füllen Sie alle Zutaten inklusive Vorteig und Chiasamengel
in die Backform und starten sie das Programm „Eigen", „Normal" oder „Teig"
und „Backen". Nach Backende Brot
aus der Form nehmen und auskühlen
lassen.

Joghurt-Backfermentbrot

Programm „Eigen", „Normal" oder „Teig" und „Backen"
Für ca. 1100 g

Mehlmischung:
200 g Braunhirsemehl
200 g Buchweizenmehl
100 g Maismehl

Vorteig:
10 g glutenfreier Grundansatz
3 g Granulat, glutenfreies Maisbackferment
150 g Mehlmischung
ca. 120 ml Wasser, lauwarm

Brühstück:
80 g Mehlmischung
50 g Goldleinsamen, geschrotet
1 EL Flohsamenschalen
350 ml kochendes Wasser

Hauptteig:
270 g Mehlmischung
1½ TL Salz
1 TL Rohrzucker
120 g Naturjoghurt, erwärmt auf 40°C

VORBEREITUNG:
Für die Mehlmischung, die Sie für Vor- und Hauptteig benötigen, die Mehle gut vermengen.
Für den Vorteig die Zutaten verrühren und einen weichen Teig herstellen. Diesen in einem Einmachglas oder einer Schüssel mit Deckel für 12–24 Stunden bei 25°C warm stellen. Der Vorteig muss nach dieser Zeit gut ausgereift sein und Bläschen gebildet haben.
Für das Brühstück alle trockenen Zutaten mit kochendem Wasser übergießen und ca. 20–30 Minuten quellen lassen.

ZUBEREITUNG:

Für den Hauptteig, also den Brotteig selbst, füllen Sie alle Zutaten inklusive Vorteig und Brühstück in die Backform und starten sie das Programm „Eigen", „Normal" oder „Teig" und „Backen". Nach Backende Brot aus der Form nehmen und auskühlen lassen.

Mais-Backfermentbrot

Programm „Eigen", „Normal" oder „Teig" und „Backen"
Für ca. 900 g

Mehlmischung:
100 g Maisstärke
100 g rotes Linsenmehl
50 g Maisgrieß
1 TL gemahlene Flohsamenschalen
1 ½ TL Xanthan
½ TL Trockenhefe
1 ½ TL Salz
1 EL Zucker

Vorteig:
10 g glutenfreier Grundansatz
3 g Granulat, glutenfreies Maisbackferment
150 g Maismehl
ca. 170 ml Wasser, lauwarm

Quellstück:
50 g Leinsamen
150 ml Wasser

Hauptteig:
250 g Mehlmischung
1 Ei
2 EL Sonnenblumenkernöl
50 ml Milch, lauwarm

VORBEREITUNG:
Für die Mehlmischung, die Sie für Vor- und Hauptteig benötigen, die Mehle gut vermengen.
Für den Vorteig die Zutaten verrühren und einen weichen Teig herstellen. Diesen in einem Einmachglas oder einer Schüssel mit Deckel für 12–24 Stunden bei 25°C warm stellen. Der Vorteig muss nach dieser Zeit gut ausgereift sein und Bläschen gebildet haben.
Für das Quellstück Leinsamen mit Wasser mischen und über Nacht ausquellen lassen.

ZUBEREITUNG:

Für den Hauptteig füllen Sie alle Zutaten inklusive Vorteig und Quellstück in die Backform und starten Sie das Programm „Eigen", „Normal" oder „Teig" und „Backen". Nach Backende Brot aus der Form nehmen und auskühlen lassen.

Mais-Backfermentbrot ist ein süß-salziges Brot, das hervorragend zu herzhaften Gerichten passt.

Teff-Backfermentbrot

Programm „Eigen", „Normal" oder „Teig" und „Backen"
Für ca. 1000 g

Mehlmischung:
150 g Teffmehl
50 g Klebreismehl
50 g Braunhirse
50 g Maisstärke
50 g Kichererbsenmehl
1 TL gemahlene Flohsamenschalen
1 TL Xanthan
½ TL Trockenhefe
1½ TL Salz

Vorteig:
10 g glutenfreier Grundansatz
3 g Granulat, glutenfreies Maisbackferment
100 g Teffmehl
ca. 120 ml Wasser, lauwarm

Quellstück:
30 g Chiasamen
150 ml Wasser

Hauptteig:
350 g Mehlmischung
2 TL Agavendicksaft
2 EL Olivenöl
100 g körniger Frischkäse (Hüttenkäse)
120 ml Wasser, lauwarm

VORBEREITUNG:
Für die Mehlmischung, die Sie für Vor- und Hauptteig benötigen, die Mehle gut vermengen.
Für den Vorteig die Zutaten verrühren und einen weichen Teig herstellen. Diesen in einem Einmachglas oder einer Schüssel mit Deckel für 12–24 Stunden bei 25°C warm stellen. Der Vorteig muss nach dieser Zeit gut ausgereift sein und Bläschen gebildet haben.
Für das Quellstück Chiasamen mit Wasser mischen und über Nacht ausquellen lassen.

ZUBEREITUNG:

Für den Hauptteig füllen Sie alle Zutaten inklusive Vorteig und Quellstück in die Backform und starten sie das Programm „Eigen", „Normal" oder „Teig" und „Backen". Nach Backende Brot aus der Form nehmen und auskühlen lassen.

Buchweizen-Backfermentbrot

Programm „Eigen", „Normal" oder „Teig" und „Backen"
Für ca. 900 g

Mehlmischung:
200 g Buchweizenmehl
50 g gemahlene Haselnüsse
50 g Maisstärke
50 g Braunhirsemehl
1 TL gemahlene Flohsamenschalen
1 TL Pfeilwurzelstärke
½ TL Trockenhefe
1 ½ TL Salz
1 EL Zucker

Vorteig:
10 g glutenfreier Grundansatz
3 g Granulat, glutenfreies Maisbackferment
150 g Buchweizenmehl
ca. 150 ml Wasser, lauwarm

Hauptteig:
350 g Mehlmischung
100 g Rote Bete, gekocht und grob geraspelt
2 EL Speiseöl
1 Ei
100 ml Milch, lauwarm

VORBEREITUNG:
Für den Vorteig die Zutaten verrühren und einen weichen Teig herstellen. Diesen in einem Einmachglas oder einer Schüssel mit Deckel für 12–24 Stunden bei 25 °C warm stellen. Der Vorteig muss nach dieser Zeit gut ausgereift sein und Bläschen gebildet haben.

ZUBEREITUNG:

Für den Hauptteig füllen Sie alle Zutaten inklusive Vorteig in die Backform und starten Sie das Programm „Eigen", „Normal" oder „Teig" und „Backen". Nach Backende Brot aus der Form nehmen und auskühlen lassen.

Brote mit Trockensauerteig / Sauerteigextrakt

Glutenfreies Brot mit Trockensauerteig oder Sauerteigextrakt lässt sich sehr leicht herstellen. Sie weisen einen typisch säuerlichen, würzigen, kräftigen Geschmack auf. Da es sich nicht um einen ausgereiften, triebfähigen Sauerteig handelt, ist eine Zugabe von einem Triebmittel notwendig.

Glutenfreies „Roggenbrot"

Programm „Schnell" oder „Glutenfrei"
Für ca. 1000 g

150 g Teffmehl
150 g Buchweizenmehl
100 g Reismehl
100 g Maisstärke
2 TL Xanthan
1 Pck. Trockenhefe
1 Pck. Quinoa-Sauerteig-Extrakt
1½ TL Salz
1 TL Honig
100 ml Buttermilch, lauwarm
ca. 350 ml Wasser, lauwarm

ZUBEREITUNG:

Teffmehl, Buchweizenmehl, Reismehl, Maisstärke, Xanthan, Trockenhefe und Quinoa-Sauerteig-Extrakt mischen. Alles zusammen mit Salz, Honig, Buttermilch und Wasser in die Backform füllen und in den Automaten setzen. Programm „Schnell" oder „Glutenfrei" starten. Nach Programmende Brot auf einem Kuchengitter auskühlen lassen, bevor Sie es anschneiden.

Glutenfreies „Roggenbrot" steht dem glutenhaltigen Roggenbrot in nichts nach - würzig und aromatisch.

Sauerteig-Körnerbrot

Programm „Schnell" oder „Glutenfrei"
Für ca. 1000 g

60 g Kartoffeln, gekocht
1½ TL Salz
1 TL Brotgewürz
1 EL Zuckerrübensirup
1 EL Sonnenblumenöl
200 g Buttermilch, lauwarm
ca. 180 ml Wasser, lauwarm
80 g Körnermischung (Sonnenblumenkerne, Kürbiskerne, Sesam, geschroteter
Leinsamen, Walnüsse)
200 g Teffmehl
100 g Buchweizenmehl
100 g Maisstärke
1 TL Xanthan
1 TL Flohsamenschalen, gemahlen
60 g Trockensauerteig
1 Pck. Trockenhefe

ZUBEREITUNG:

Gekochte, geschälte Pellkartoffeln mit
einer Reibe fein reiben und zusammen mit den restlichen Zutaten in die
Backform füllen. Programm „Schnell"
oder „Glutenfrei" starten. Nach Programmende Brot auf einem Kuchengitter auskühlen lassen, bevor Sie es
anschneiden.

Sauerteig-Körnerbrot - ein körniges Brot mit Biss.

Glutenfreies Haferbrot

Programm „Schnell" oder „Glutenfrei"
Für ca. 1000 g

275 g glutenfreies Hafermehl
200 g Premium-Reismehl, Komeko-Pan
25 g Süßlupinenmehl
1 Pck. Quinoa Sauerteigextrakt
1 TL Guarkernmehl
1 EL gemahlene Flohsamenschalen
1 Pck. Trockenhefe
1 TL Salz
15 g Zuckerrübensirup
1 EL Sonnenblumenöl
20 g Butter, weich
ca. 420 ml Wasser, lauwarm
40 g glutenfreie Haferflocken, Kleinblatt

ZUBEREITUNG:

Alle Zutaten in die Backform füllen.
Programm „Schnell" oder „Glutenfrei"
starten. Nach Programmende Brot auf
einem Kuchengitter auskühlen lassen,
bevor Sie es anschneiden.

Tipp Bestreichen Sie nach dem
letzten Knetgang die Teigoberfläche
mit Speiseöl und streuen Sie etwas
Haferflocken auf, so bekommt das
Brot ein tolles Aussehen.

Tomatenbrot

Programm „Schnell" oder „Glutenfrei"
Für ca. 950 g

80 g Magerquark
20 g Rapsöl
½ EL Ahornsirup
1 EL Apfelessig
1 Ei
1 Pkg. Quinoa Sauerteigextrakt
200 g Teffvollkornmehl
100 g Buchweizenmehl
100 g Kartoffelstärke
1 ½ TL Salz
1 ½ TL Trockenhefe
320 ml Tomatensaft, lauwarm
80 g getrocknete Tomaten, grob gehackt

ZUBEREITUNG:

Quark mit Öl, Ahornsirup, Essig und
einem Ei in einer Schüssel verrühren.
Trockene Zutaten vermischen und in die
Backform geben. Tomatensaft, Quark-
mischung und getrocknete Tomaten
dazugeben. Programm „Schnell" oder
„Glutenfrei" starten.

Brote ohne Backtriebmittel

Müslibrot ohne Hefe und Backpulver

Programm „Backen"
Für ca. 850 g

100 g Buchweizengrütze
50 g Mandeln, gemahlen
10 g Leinsamen, geschrotet
4 EL Flohsamenschalen, gemahlen
1 TL Salz
3 EL Chiasamen
50 g Sonnenblumenkerne
60 g Mandeln, grob gehackt
50 g Kürbiskerne, grob gehackt
20 g Amaranth, gepufft
30 g Sesam
50 g Leinsaat
350 ml Wasser
3 EL Olivenöl + etwas mehr zum Bepinseln
1 EL Zuckerrübensirup

VORBEREITUNG:
Alle trockenen Zutaten mischen, dann Wasser, Olivenöl und Zuckerrübensirup dazugeben. Alles zusammenkneten und in die Backform füllen, dabei den Teig fest in der Form andrücken. Oberfläche mit etwas Olivenöl bestreichen und für mind. 2 Stunden (optimal auch über Nacht) quellen lassen.

ZUBEREITUNG:

Nach der Ruhezeit, Programm „Backen" für 50 Minuten starten. Nach Ende der Backzeit, Brot in der Form für 10–15 Minuten ausdünsten lassen, dann auf ein Gitter stürzen und vollständig auskühlen lassen, bevor Sie es anschneiden.

Müslibrot ohne Verwendung von Triebmitteln spendet langanhaltend Energie.

Früchtebrot ohne Hefe und Backpulver

Programm „Backen"
Für ca. 900 g

120 g Trockenfrüchte, klein geschnitten
(mischen Sie Trockenfrüchte nach Lust
und Laune, beispielsweise Aprikosen,
Pflaumen, Datteln, Feigen, Rosinen,
Cranberries)
120 g Sonnenblumenkerne
100 g blanchierte Mandeln, gemahlen
90 g Leinsamen, geschrotet
50 g Kokosmehl
4 EL Flohsamenschalen
2 EL Chiasamen
1 TL Salz
60 g Mandeln, grob gehackt
20 g Haselnüsse, grob gehackt
20 g Kürbiskerne, grob gehackt
350 ml Wasser
3 EL Sonnenblumenöl + etwas mehr
zum Bepinseln
2 EL Ahornsirup

VORBEREITUNG:
Alle trockenen Zutaten mischen, dann
Wasser, Öl und Ahornsirup dazugeben.
Alles zusammenkneten und in die Back-
form füllen, dabei den Teig fest in der
Form andrücken. Oberfläche mit etwas
Sonnenblumenöl bestreichen und für
mind. 2 Stunden (optimal über Nacht)
quellen lassen.

ZUBEREITUNG:
Nach der Ruhezeit, Programm „Backen"
für 55 Minuten starten. Nach Ende der
Backzeit Brot in der Form für 10 Minuten
ausdünsten lassen. Auf ein Gitter stürzen und vollständig auskühlen lassen,
bevor Sie es anschneiden.

Nussbrot ohne Hefe und Backpulver

Programm „Backen"
Für ca. 850 g

150 g Sonnenblumenkerne
100 g Mandeln, gemahlen
90 g Leinsamen, geschrotet
50 g Walnüsse, klein gehackt
50 g Haselnüsse, klein gehackt
50 g Amaranth, gepufft
2 EL Flohsamenschalen, gemahlen
1 ½ TL Salz
1 EL Chiasamen
350 ml Wasser
4 EL Sonnenblumenöl + etwas mehr
zum Bepinseln
2 EL Mandelmus (dunkles oder helles)

VORBEREITUNG:
Alle trockenen Zutaten mischen, dann
Wasser, Sonnenblumenöl und Mandelmus dazugeben. Alles zusammenkneten und in die Backform füllen, dabei
den Teig fest in der Form andrücken.
Oberfläche mit etwas Öl bestreichen
und für 2 Stunden stehen (optimal über
Nacht) stehen lassen.

ZUBEREITUNG:
Nach der Ruhezeit Programm „Backen"
für 55 Minuten starten. Nach Ende der
Backzeit, Brot in der Form für 10–15 Minuten ausdünsten lassen. Auf ein Gitter
stürzen und vollständig auskühlen
lassen, bevor Sie es anschneiden.

TIPP Eine ganz feine Variante der
Brotstruktur erhalten Sie, wenn Sie
die Sonnenblumenkerne, Nüsse und
Chiasamen fein mahlen und anschließend nach Rezept weiterverarbeiten.

Süße Brote

Diese süßen Hefe- oder Kuchenbrote erinnern an große Anlässe, Besuch und Kindheit. Am besten schmecken sie ganz frisch und wer mag, kann noch etwas Butter, süße Aufstriche oder Marmelade drauf streichen. Hier ist für jeden Geschmack etwas dabei.

Schoko-Milchbrot

Programm „Schnell" oder „Glutenfrei"
Für ca. 900 g

Mehlmischung:
150 g Tapiokastärke
100 g Reismehl
50 g Klebreismehl
50 g Maismehl
40 g gemahlene Mandeln
20 g Kastanienmehl
2 TL Guarkernmehl
1 TL gemahlene Flohsamenschalen
1½ TL Trockenhefe

40 g Zucker
1 Pck. Vanillezucker
40 g Butter, weich
2 Eier
1 Prise Salz
100 g Speisequark
ca. 150 ml Mich, lauwarm
80 g Schokostückchen, Schokotropfen

ZUBEREITUNG:

Zutaten für die Mehlmischung gut mischen und mit den anderen Zutaten in die Backform füllen und Programm „Schnell" oder „Glutenfrei" starten. Nach Backende den Kuchen auf ein Kuchengitter stürzen und auskühlen lassen.

TIPP Bestreichen Sie die Teigoberfläche nach dem letzten Knetgang mit Milch, so bekommt das Brot eine glänzende, dunklere Kruste.

Schwarzwälder Früchtebrot

Programm „Schnell" oder „Glutenfrei"
Für ca. 850 g

Mehlmischung: 30 g Süßlupinenmehl, 30 g Amaranthvollkornmehl, 30 g Maismehl, 30 g Reismehl, 30 g Buchweizenmehl, 100 g Maisstärke, 2 TL Guarkernmehl, 1 Pck. Trockenhefe

250 g Trockenfrüchte (Mischung aus getrockneten Kirschen, Cranberries, Pflaumen, Aroniabeeren)
2 EL Kirschwasser
1 EL Zitronensaft
30 ml Bohnenkaffee, Filterkaffee oder einen Espresso
50 ml Orangensaft
50 g Butter, weich
100 ml Buttermilch, lauwarm
1 Ei
30 g brauner Zucker
1 Pck. Vanillezucker
1 TL Kakao
1 Msp. Korlander, gemahlen
1 Msp. Chilli, gemahlen

VORBEREITUNG:
Trockenfrüchte mit Kirschwasser, Zitronensaft, Kaffee und Orangensaft für ca. 1 Stunde einweichen lassen, evtl. auch über Nacht.

ZUBEREITUNG:
Eingeweichte Trockenfrüchtemischung und Mehlmischung mit den restlichen Zutaten in die Backform geben und Programm „Schnell" oder „Glutenfrei" starten.

Rumba Stollenbrot

Programm „Glutenfrei" oder „Backpulver"
Für ca. 900 g

Mehlmischung: 50 g gemahlene Mandeln, 80 g Klebreismehl, 70 g Maismehl, 60 g Tapiokastärke, 40 g Maisstärke, 1 TL Xanthan, 1 TL gemahlene Flohsamenschalen, 1 Pck. Backpulver

70 g Sultaninen
30 g Cranberries
30 g Orangeat
30 g Zitronat
30 g Datteln, getrocknet und klein gehackt
20 g Haselnüsse, grob gehackt
20 g Agavendicksaft
50 g Rohrzucker
50 ml weißer Rum
½ TL Vanille, gemahlen
½ TL Zimt, gemahlen
1 Msp. Kardamon, gemahlen
1 Msp. Muskatnuss, gemahlen
1 Msp. Nelken, gemahlen
1 Prise Salz
125 g Speisequark
2 Eier
80 g Butter, flüssig

VORBEREITUNG:
Trockenfrüchte (Sultaninen, Cranberries, Orangeat, Zitronat, Datteln) und Haselnüsse mit Agavendicksaft, Rohrzucker und Rum über Nacht einweichen lassen. Mehlmischung herstellen.

ZUBEREITUNG:
Eingeweichte Trockenfrüchtemischung und Mehlmischung mit den restlichen Zutaten in die Backform geben und Programm „Backpulver" oder „Glutenfrei" starten.

Mit dem Rumba Stollenbrot tanzen die Geschmacksnerven zu den Aromen.

Glutenfreie Kuchen und Geschenkideen

Kastenkuchen

Sie sind süß, sie sind lecker und schnell und einfach zubereitet. Kasten-
kuchen sind Klassiker, die jede Kaffeetafel bereichern. Hier ist für jeden
Geschmack etwas dabei.

Dafür werden alle Zutaten in eine Schüssel gegeben, mit dem Hand-
rührgerät gemixt und anschließend die Masse in die Backform gefüllt.
Mit dem Programm „Backen" starten und in ca. 50–60 Minuten plus
Auskühlzeit können Sie ihr Prachtwerk genießen.

Feiner Sandkuchen

Programm „Backen"

200 g Maisstärke
25 g Tapiokastärke
½ TL Backpulver
150 g Butter, weich
25 g Rapsöl
3 Eier
170 g Zucker
2 Päckchen Vanillezucker
1 TL abgeriebene Zitronenschale

ZUBEREITUNG:

Maisstärke und Tapiokastärke mit Backpulver in
einer Schüssel mischen. Butter, Öl, Eier, Zucker,
Vanillezucker und Zitronenschale dazugeben
und mit dem Handrührgerät auf höchster Stufe
für ca. 1–2 Minuten gut verrühren. Den Teig in
die Backform geben und Programm „Backen" für
60 Minuten starten. Nach dem Backende Kuchen
für 10 Minuten in der Form belassen, anschließend vorsichtig auf ein Kuchengitter stürzen
und auskühlen lassen.

TIPP

Für einen saftigen Kuchen mit Orangen- oder
Zitronengeschmack stechen Sie in den noch
warmen Kuchen mit einem Holzstäbchen
kleine Löcher und beträufeln ihn mit Orangen-
oder Zitronensaft. Den Kuchen dann vollständig auskühlen lassen und mit Puderzucker bestäuben.

Ein klassischer Lieblingskuchen ist und bleibt der feine Sandkuchen.

Rote Bete-Schokokuchen

Programm „Backen"

50 g Butter
50 ml Sonnenblumenöl
100 g Zuckerrübensirup oder Karamell-sirup
2 Pck. Vanillezucker
½ TL abgeriebene Zitronenschale
50 g Zartbitterschokolade (mind. 70 % Kakaoanteil)
250 g Rote Bete, vorgekocht, grob geraspelt
3 Eier
Prise Salz
100 g Mandeln, gemahlen
120 g Maisstärke
2 TL Backpulver
½ TL Apfelfaser (wenn nicht vorhanden, 10 g Maisstärke mehr nehmen)

ZUBEREITUNG:

Butter, Sonnenblumenöl, Sirup, Vanillezucker, Zitronenabrieb in einem Topf erhitzen, die Schokolade darin auflösen und die grob geraspelte Rote Bete untermischen. Eier und eine Prise Salz mit dem Rührgerät aufschlagen, Schoko-Rote Bete-Mischung dazugeben. Mandeln, Maisstärke, Backpulver und Apfelfaser mischen und unter den Teig rühren. Den Teig in die Backform füllen und Programm „Backen" für 60 Minuten starten. Nach dem Backende Kuchen für 10 Minuten in der Form belassen, anschließend vorsichtig auf ein Kuchengitter stürzen und auskühlen lassen. Mit Puderzucker bestäuben und genießen.

TIPP Ein farbiger Zuckerguss peppt den Kuchen auf: 200 g Puderzucker in eine Schüssel geben und nach und nach ca. 2–3 EL Rote Bete-Saft (oder Lebensmittelfarbe, Karottensaft etc.) hinzugeben. Beides so lange mit einem Schneebesen oder einer Gabel verrühren, bis eine glatte Masse entsteht. Je flüssiger der Zuckerguss sein soll, umso mehr Flüssigkeit müssen Sie zufügen. Den Kuchen mit der Zuckerglasur bestreichen.

Rote Bete-Schokokuchen für die abwechslungsreiche Kaffeetafel.

Der Joghurt-Kirschkuchen ist sehr erfrischend, leicht und lecker.

Joghurt-Kirschkuchen

Programm „Backen"

60 g blanchierte Mandeln, gemahlen
60 g helles Sorghummehl
20 g Vollkornreismehl
20 g Tapiokastärke
10 g Kokosraspel
1 TL Backpulver
40 g Butter, weich
2 Eier
80 g Naturjoghurt
100 g Zucker
1 Prise Salz
1 TL abgeriebene Zitronenschale
200 g Sauerkirschen, abgetropft aus dem Glas
etwas Kokosraspeln zum Verzieren

ZUBEREITUNG:

Mehlmischung herstellen: Gemahlene Mandeln, Sorghummehl, Vollkornreismehl, Tapiokastärke, Kokosraspeln und Backpulver mischen. Weiche Butter, Eier, Joghurt, Zucker, eine Prise Salz und Zitronenschale mit dem Handrührgerät auf höchster Stufe für ca. 1–2 Minuten gut verrühren, Mehlmischung hinzufügen. Die Kirschen locker unter den Teig heben. Den Teig in die Backform füllen, glatt streichen, mit Kokosraspeln bestreuen und Programm „Backen" für 60 Minuten starten. Nach dem Backende Kuchen für 10 Minuten in der Form belassen, anschließend vorsichtig auf ein Kuchengitter stürzen und auskühlen lassen.

Mandelkuchen

Programm „Backen"

60 g Butter, flüssig
4 Eier
1 Prise Salz
100 g Naturjoghurt
200 g Mandeln, gemahlen
30 g Kokosmehl
1 TL Backpulver
90 g Zucker
½ TL abgeriebene Zitronenschale

ZUBEREITUNG:

Butter mit Eiern, Prise Salz und Joghurt mit dem Schneebesen verrühren bis eine glatte Masse entsteht. Mandeln, Kokosmehl, Backpulver, Zucker und Zitronenschale mischen und unter die Butter-Joghurtmasse rühren. Alles zusammen in die Backform des Brotbackautomaten füllen. Programm „Backen" für ca. 50 Minuten starten. Nach Ende der Backzeit Stäbchenprobe machen und evtl. für 5 Minuten nachbacken. Kuchen auf einem Kuchengitter auskühlen lassen.

TIPP Veredeln Sie diesen leckeren Kuchen mit einem Schokoladenüberzug. Hierzu 20 ml Sahne aufkochen, von der Kochstelle nehmen und 50 g kleingehackte Schokolade einrühren. Sobald die Schokolade geschmolzen ist über den abgekühlten Kuchen verteilen.

Karotten-Nusskuchen

Programm „Backen"

4 Eier
100 g brauner Zucker
80 g Zucker
1 Pck. Vanillezucker
200 g Haselnüsse, gemahlen
30 g Tapiokastärke
20 g Kokosmehl
2 TL Backpulver
200 g Karotten
Puderzucker zum Bestäuben

ZUBEREITUNG:

Eier mit beiden Zuckersorten und Vanillezucker in einer Rührschüssel schaumig rühren. Haselnüsse mit Tapiokastärke, Kokosmehl und Backpulver mischen und dazugeben. Karotten fein raspeln, kräftig ausdrücken und unter den Teig heben. Den Teig in die Backform füllen und Programm „Backen" für 55 Minuten starten. Nach dem Backende Kuchen für 10 Minuten in der Form belassen, anschließend vorsichtig auf ein Kuchengitter stürzen und auskühlen lassen. Mit Puderzucker bestäuben und genießen.

Bei diesem saftigen Karotten-Nusskuchen greift jeder gerne zu.

Schneller Käsekuchen ohne Boden

Programm „Backen"

60 g Butter, weich
120 g Zucker
Mark von 1 Vanilleschote (alternativ
1 Pck. Bourbon-Vanillezucker)
1 TL abgeriebene Zitronenschale
3 Eier
1 Prise Salz
3 EL Hirsegrieß
40 g Maisstärke
½ TL Backpulver
450 g Speisequark
50 g Mascarpone

ZUBEREITUNG:

Butter mit Zucker, ausgekratztes Mark der Vanilleschote, Zitronenschale, Eier und eine Prise Salz mit dem Handrührgerät cremig rühren. Hirsegrieß, Maisstärke und Backpulver mischen, mit dem Quark und Mascarpone unter die Ei-Zuckermasse rühren. Masse in die Backform füllen und Programm „Backen" für 55 Minuten starten. Nach dem Backende, Backform entnehmen, aber den Kuchen 10 Minuten in der Form zum Auskühlen belassen, anschließend vorsichtig auf ein Kuchengitter stürzen und auskühlen lassen.

Käsekuchen - immer ein Genuss

Jedes Land, jede Region, wenn nicht gar jede Familie, hat ein eigenes Käsekuchenrezept. Gemeinsam haben sie alle die Hauptzutat: Quark. Viele enthalten Puddingpulver, das sie jedoch einfach durch Speisestärke und Aromen ersetzen können. Durch Zugabe von Früchten, Rosinen, Sirup, Schokolade, Vanille, Zitrone oder Mohn entstehen neue köstliche Variationen.

Cranberry-Pistazienkuchen

Programm „Backen"

60 g Cranberries, getrocknet
1 EL Zitronensaft
150 g Apfelmark
100 g Reismehl
80 g blanchierte Mandeln, gemahlen
30 g Tapiokastärke
1 TL Backpulver
1 TL Apfelfaser
50 g Butter, weich
2 Eier
100 g Zucker
1 Pck. Vanillezucker
1 Prise Salz
50 g Pistazien, grob gehackt
Puderzucker zur Verzierung

ZUBEREITUNG:

Cranberries in Zitronensaft und Apfelmark für mind. 30 Minuten einweichen. Reismehl mit gemahlenen Mandeln, Tapiokastärke, Backpulver und Apfelfaser mischen. Butter, Eier, Zucker, Vanillezucker und Prise Salz mit dem Handrührgerät auf höchster Stufe für ca. 1–2 Minuten gut verrühren. Mehlmischung, Cranberries-Apfelmischung und Pistazien unterrühren. Den Teig in die Backform füllen und Programm „Backen" für 60 Minuten starten. Nach dem Backende Kuchen 10 Minuten in der Form belassen, anschließend vorsichtig auf ein Kuchengitter stürzen und auskühlen lassen. Mit Puderzucker bestäuben und genießen.

Eine süße Verführung, der Cranberry-Pistazienkuchen.

Quark-Kirschkuchen

Programm „Backen"

50 g blanchierte Mandeln, gemahlen
50 g helles Sorghummehl
30 g Maismehl
30 g Klebreismehl
20 g Tapiokastärke
½ TL Guarkernmehl
1½ TL Backpulver
60 g Butter, weich
60 g Zucker
1 Pck. Vanillezucker
½ TL abgeriebene Orangenschale
2 Eier
1 Prise Salz
150 g Speisequark
120 g Sauerkirschen, abgetropft aus dem Glas

ZUBEREITUNG:

Mehlmischung herstellen: Gemahlene Mandeln, Sorghummehl, Maismehl, Klebreismehl, Tapiokastärke, Guarkernmehl und Backpulver mischen.
Butter, Zucker, Vanillezucker, Orangenschale, Eier, eine Prise Salz und Speisequark mit dem Handrührgerät auf höchster Stufe für ca. 1–2 Minuten gut verrühren. Anschließend Mehlmischung unterrühren. Die Kirschen locker unter den Teig heben. Den Teig in die Backform füllen, glatt streichen und Programm „Backen" für 60 Minuten starten. Nach dem Backende den Kuchen vorsichtig auf ein Kuchengitter stürzen und auskühlen lassen.

TIPP Die Kirschen können Sie auch durch andere Früchte, Äpfel, Rosinen oder Trockenfrüchte austauschen.

Zucchinikuchen

Programm „Backen"

150 g Buchweizenmehl
50 g Reismehl
60 g Haselnüsse, gemahlen
1 TL Guarkernmehl
2 TL Weinsteinbackpulver
1 Prise Salz
1 TL abgeriebene Zitronenschale
150 g Zucker
1 Pck. Vanillezucker
150 g Zucchini
120 g Sonnenblumenöl
30 g Butter, flüssig
3 Eier
Puderzucker zur Verzierung

ZUBEREITUNG:

Buchweizenmehl, Reismehl, Haselnüsse, Guarkernmehl, Weinsteinbackpulver, Prise Salz, Zitronenschale, Zucker und Vanillezucker in einer Schüssel mischen. Zucchini mit einer Reibe grob raspeln und zusammen mit Öl, Butter und Eiern zu der Mehlmischung geben, alles mit dem Handrührgerät gut verrühren. Teigmasse in die Backform füllen und Programm „Backen" für 60 Minuten starten. Nach Ende der Backzeit, Stäbchenprobe machen und evtl. nachbacken.
Nach dem Backende Kuchen noch 10 Minuten in der Form belassen, anschließend vorsichtig auf ein Kuchengitter stürzen und auskühlen lassen. Vor dem Servieren mit Puderzucker bestäuben.

Zucchinikuchen, ein saftiger und überraschender Hochgenuss.

Apfelkuchen

Programm „Backen"

Mehlmischung:
100 g gemahlene Mandeln
50 g Tapiokastärke
20 g Maismehl
20 g Klebreismehl
1 ½ TL Backpulver
1 Prise gemahlener Zimt

125 g Butter, weich
125 g Zucker
1 Pck. Vanillezucker
3 Eier
1–2 mittelgroße Äpfel

ZUBEREITUNG:

Butter mit Zucker und Vanillezucker
mit einem Rührgerät schaumig rühren.
Die Eier nach und nach unterrühren,
Mehlmischung dazugeben und rühren
bis alles gut vermischt ist. Apfel schälen
und in kleine Würfel schneiden und
unter den Teig rühren. Teig in die Backform des Brotbackautomaten füllen.
Programm „Backen" für ca. 60 Minuten
starten. Nach dem Backende, Stäbchenprobe machen und evtl. nachbacken.
Backform entnehmen, aber den Kuchen
10 Minuten in der Form zum Auskühlen belassen. Anschließend vorsichtig
auf ein Kuchengitter stürzen und ganz
auskühlen lassen.

TIPP Für eine besondere Variante,
geben Sie 50 g grob gehackte Pekan-
nüsse, Rosinen, Schokoladenstücke
oder Walnusskerne zu dem Teig.

Aprikosen-Kartoffelkuchen

Programm „Backen"

Mehlmischung: 40 g gemahlene Haselnüsse, 40 g Kartoffelstärke, 30 g Hirsegrieß, 10 g Kokosmehl, ½ TL Backpulver,
½ TL Guarkernmehl, 1 TL gemahlene
Flohsamenschalen

150 g Aprikosen, getrocknet
150 ml Orangensaft
125 g Kartoffeln, gekocht und geschält
3 Eier
60 g Zucker
1 Pck. Vanillezucker
1 TL abgeriebene Orangenschale

VORBEREITUNG:
Aprikosen klein schneiden, mit Oran-
gensaft für mind. 2 Stunden oder über
Nacht einweichen lassen.

ZUBEREITUNG:

Noch warme Pellkartoffeln durch eine
Presse drücken oder mit einer Reibe fein
reiben. Eier, Zucker und Vanillezucker
mit einem Rührgerät schaumig rühren,
geriebene Kartoffeln, Orangenschale,
eingeweichte Aprikosen und Mehlmischung dazugeben und rühren bis alles
gut vermischt ist. Teig in die Backform des Brotbackautomaten füllen.
Programm „Backen" für ca. 50 Minuten
starten.

Apfelkuchen mit einem Klecks Schlagsahne und die Welt steht still.

Nougat-Schokokuchen mit Mandelstücken

Programm „Backen"

100 g Mandeln, gemahlen
70 g Haselnüsse, gemahlen
30 g Mandeln, gehackt
30 g Kokosmehl
1 TL Weinsteinbackpulver
50 g Zartbitterkuvertüre
50 g Nougat
3 Eier
100 g Zucker
1 Pck. Vanillezucker
100 g Butter, weich

ZUBEREITUNG:

Gemahlene Mandeln, Haselnüsse, gehackte Mandeln, Kokosmehl und Backpulver mischen. Zartbitterkuvertüre und Nougat in einem Wasserbad schmelzen. Eier, Zucker und Vanillezucker mit einem Rührgerät schaumig rühren. Butter, Nussmischung und geschmolzene Schokolade dazugeben und solange rühren, bis alles gut vermischt ist. Teig in die Backform des Brotbackautomaten füllen. Programm „Backen" für ca. 50 Minuten starten. Nach dem Backende Backform entnehmen, aber den Kuchen 10 Minuten in der Form zum Auskühlen belassen, anschließend vorsichtig auf ein Kuchengitter stürzen und ganz auskühlen lassen.

TIPP Wenn Sie den Kuchen lieber feiner mögen, lassen Sie einfach die gehackten Mandeln weg.

Kaffeekuchen

Programm „Backen"

60 g Muscovado-Zucker
1 Pck. Vanillezucker
180 g Haselnüsse, gemahlen
50 g Reismehl
50 g Maisstärke
20 g Maismehl
2 TL Weinsteinbackpulver
125 ml starker Kaffee, abgekühlt
100 g Butter, flüssig
2 Eier
80 g Zartbitterschokolade, grob gehackt

ZUBEREITUNG:

Trockene Zutaten mischen und mit Kaffee, Butter und Eiern mit einem Schneebesen oder Rührgerät rühren, bis alles gut vermischt ist. Die gehackte Schokolade unter den Teig heben, Teig in die Backform des Brotbackautomaten füllen. Programm „Backen" für ca. 60 Minuten starten. Nach dem Backende Stäbchenprobe machen und evtl. nachbacken. Backform entnehmen, aber den Kuchen 10 Minuten in der Form zum Auskühlen belassen, anschließend vorsichtig auf ein Kuchengitter stürzen und ganz auskühlen lassen.

Kaffeekuchen, der auch mit Vanille- oder Schokoladeneis als Dessert serviert werden kann.

Geschenkidee – eigene Backmischungen im Glas

Diese pfiffige Idee ist ein Hingucker und sieht sehr dekorativ aus.
Geben Sie die einzelnen Zutaten für Ihr Lieblingsbackrezept in ein Glas. Achten Sie dabei natürlich darauf, keine verderblichen Waren zu verwenden. Befüllen Sie die Gläser am besten mit einem Trichter oder Löffel. Klopfen Sie das Glas nach dem Befüllen der einzelnen Schichten etwas auf den Tisch, damit sich die Mehle verdichten und auch beim Transport die kunstvollen Schichten in Form bleiben und nicht vermischen. Das Glas versehen Sie dann mit einem Anhänger mit der Backanleitung. Dies kann z. B. so aussehen: 300 ml Wasser, 2 EL Olivenöl dazugeben und die Mischung aus diesem Glas in den Brotbackautomaten geben. Programm „Schnell" starten. Lasst es Euch schmecken!
Jetzt können Sie das Glas noch nach Lust und Laune verzieren. Hierüber freut sich wirklich jeder, der gerne backt.

Geschenkbrotbackmischungen

Rezepte und mehr schnell finden

Pizzabrot

Sauerteig-Körnerbrot

Zum Weiterlesen

Deutsche Zöliakie-Gesellschaft e. V.
www.dzg-online.de

Deutsche Gesellschaft für Psycho-Allergologie e. V.
www.deutsche-psycho-allergologie.de

Deutscher Allergie- und Asthmabund
e. V. (DAAB)
www.daab.de

Mediathek, Vereinigung Getreide-,
Markt- und Ernährungsforschung
www.gmf-info.de

Deutsche Gesellschaft für Ernährung
e. V. (DGE)
www.dge.de

Allgemeine Informationen
www.lebensmittellexikon.de

Arbeitskreis Diätetik in der
Allergologie
www.ak-dida.de

Informationen zum Thema Ernährung
www.was-wir-essen.de

Biesalski, H. K., Grimm P.,
Nowitzki-Grimm S. (2015):
Taschenatlas Ernährung.
6. Auflage, Thieme Verlag, Stuttgart

Teubner (2015):
Das große Buch vom Backen.
2. Auflage, GU Verlag, München

Bellersen Quirini C. (2014):
Am besten hausgemacht.
Verlag Eugen Ulmer, Stuttgart

Bezugsquellen

Getreidemühlen

Hawos
www.hawos.de

Häussler
www.backdorf.de

Komo
www.frischmahlen.de

Schnitzer GmbH & Co. KG
www.schnitzer-bio.de

Hersteller glutenfreier Produkte:
Schär, Hammermühle,
3 Pauly, Seitz, Rewe-Frei von

Brotbackautomaten

Brotbackautomaten sind im Elektrofachhandel, in Supermärkten sowie
Discountern und natürlich auf den entsprechenden Seiten im Internet erhältlich. Achten Sie beim Kauf auch auf den
Preis, die Differenzen von Anbieter zu
Anbieter sind zum Teil erheblich.
www.unold.de

Glutenfreie Zutaten

Eine große Auswahl an glutenfreien
Backzutaten gibt es in Reformhäusern,
Supermärkten, Drogeriemärkten, in
türkischen Lebensmittelläden oder
asiatischen Lebensmittelgeschäften.
Im Internet bzw. im glutenfreien Onlineshop bekommen Sie auch Zutaten, die
Sie zum Backen benötigen. Eine aktuelle
glutenfreie Lebensmittelliste finden Sie
bei der Deutschen Zöliakiegesellschaft
e. V. (DZG). Überprüfen Sie außerdem
die Zutatenliste auf den Verpackungen.

Buchtipps für Backfans

Beile, M. (2015): Brot aus dem Brotbackautomaten. Über 120 Rezepte für 750 g
und 1000 g. Ulmer, Stuttgart

Beile, M. (2015): Vollkornbrote aus dem
Brotbackautomaten. Ulmer, Stuttgart

Beile, M. (2011): Kuchen und Knabbereien
aus dem Brotbackautomaten. Ulmer,
Stuttgart

Beile, M. (2016): Brotbacklust.
222 Rezepte mit und ohne Brotbackautomat. Ulmer, Stuttgart

Bellersen Quirini, C. (2015): Am besten
hausgemacht. Ulmer, Stuttgart

Bopp, D. (2017): Landfrauen backen.
Rezepte und Geschichten aus Baden-
Württemberg. Ulmer, Stuttgart

Dellwig, G. und Mendrina, V. (2014):
Heute ist Backtag. Rezepte, Feste und
Geschichten rund um den Holzback-
ofen. Ulmer, Stuttgart

Geißler, L. (2015): Brotbackbuch Nr. 1.
Grundlagen und Rezepte für ursprüng-
liches Brot. Ulmer, Stuttgart

Geißler, L., Hollensteiner, B. (2015):
Brotbackbuch Nr. 2. Alltagsrezepte
und Tipps für naturbelassenes Brot.
Ulmer, Stuttgart

Bildquellen

Die Autorin

Mirjam Beile ist gelernte Bäckerin und
Konditorin. Sie absolvierte ihre Ausbil-
dung in einer Vollkornbäckerei in Frank-
furt und war zwei Jahre in der Schweiz
tätig. Als leidenschaftliche Bäckerin ist
der Brotbackautomat ihr liebstes Küchengerät. Egal ob mit oder ohne Brot-
backautomaten-Erfahrung – für alle
Hobbybäcker, die sich glutenfrei ernähren wollen oder müssen, bietet ihr neu-
estes Werk eine Sammlung innovativer
glutenfreier Brotbackideen aus dem
Brotbackautomaten. Sie zeigt, wie mit
wenig Zeitaufwand leckere glutenfreie
Brote gezaubert werden, sodass Betroffene wissen, was drin steckt, um ihre
gesundheitlichen Probleme in den Griff
zu bekommen.

Kastanien-Joghurtbrot Dunkel

Die in diesem Buch enthaltenen Empfehlungen und Angaben sind von der Autorin mit größter Sorgfalt zusammengestellt und geprüft worden. Eine Garantie für die Richtigkeit der Angaben kann aber nicht gegeben werden. Autorin und Verlag übernehmen keine Haftung für Schäden und Unfälle. Bitte setzen Sie bei der Anwendung der in diesem Buch enthaltenen Empfehlungen Ihr persönliches Urteilsvermögen ein. Der Verlag Eugen Ulmer ist nicht verantwortlich für die Inhalte der im Buch genannten Websites.

Bibliografische Information der Deutschen Nationalbibliothek
Die Deutsche Nationalbibliothek verzeichnet diese Publikation in der Deutschen Nationalbibliografie; detaillierte bibliografische Daten sind im Internet über http://dnb.d-nb.de abrufbar.

© 2017 Eugen Ulmer KG
Wollgrasweg 41, 70599 Stuttgart (Hohenheim)
E-Mail: info@ulmer.de
Internet: www.ulmer-verlag.de
Lektorat: Tina Ganser, Antje Munk, Lisa Seibel
Herstellung: Isabell Scherrieble
Umschlagentwurf: Atelier Reichert, Stuttgart
Satz: r&p digitale medien, Echterdingen
Reproduktion: timeRay, Herrenberg
Druck und Bindung: Westermann Druck, Zwickau
Printed in Germany

ISBN 978-3-8001-0821-3

Glutenfrei schlemmen

- Viele Rezepte, die „von Natur aus" glutenfrei sind
- Alle Zutaten sind einfach im Supermarkt zu beschaffen
- Jede Menge Infos zum glutenfreien Einkaufen und Backen

So wird glutenfrei backen ganz einfach: Finden Sie hier, was Ihr Herz begehrt: fruchtige und cremige Torten, Thementorten für Kindergeburtstage, Blechkuchen, Gemüsekuchen, Cookies, Muffins, Cake Pops, Pralinen und vieles mehr.

Backen ohne Mehl. Kaffeeklatsch glutenfrei. A. Donnermeyer. 2016. 128 S., 58 Farbfotos, Klappenbroschur. ISBN 978-3-8001-0338-6.

www.ulmer.de

Weitere Bücher von Mirjam Beile:

Brot backen im Brotbackautomaten geht ganz einfach: Dieses Buch begleitet Sie Schritt für Schritt zum selbst gebackenen Brot. Die ideenreichen Rezepte für regionale Brote, Vollkornbrote, Brötchen, besonders raffinierte Brote, süße und glutenfreie Brote, Kochen mit Brot und Teigzubereitung bringen Abwechslung auf den Tisch.

Brot aus dem Brotbackautomaten.
Über 120 Rezepte für 750 g und 1000 g. M. Beile.
4., aktualisierte Auflage 2015. 128 Seiten, 58 Farbfotos,
kart. ISBN 978-3-8001-0314-0.

Die Rezepte reichen vom klassischen Vollkornbrot über Sauerteigbrot, Brot mit und ohne Hefe bis hin zu Broten für Allergiker wie laktosefreies Brot und glutenfreies Brot sowie Alternativen und Varianten für vegetarische und vegane Brote aus dem Brotbackautomaten. Mit zahlreichen Hintergrundinformationen zu den verschiedenen Vollkornmehlen

Vollkornbrote aus dem Brotbackautomaten.
70 Rezepte für 500 und 750 g. M. Beile. 2015. 128 Seiten,
53 Farbfotos, kart. ISBN 978-3-8001-8372-2.

Mirjam Beile verrät Ihnen hier in 222 Rezepten ihre besten Kreationen für den Brotbackautomaten und Ideen für feinste Aufstriche. Schwelgen Sie in ihrer Rezeptvielfalt und finden Sie Ihr ganz persönliches Lieblingsrezept! Kein Automat? Kein Problem! Mit Schritt-für-Schritt-Anleitungen kommen Sie auch ohne Automat zu selbst gebackenen Köstlichkeiten.

Brotbacklust. 222 Rezepte für den Brotbackautomaten.
M. Beile. 3., aktualisierte Auflage 2016. 144 Seiten,
50 Farbfotos, Klappenbroschur. ISBN 978-3-8001-0866-4.

Ganz nah dran.